SOBREVIVENDO AO RACISMO

Luana Tolentino

SOBREVIVENDO AO RACISMO

Memórias, cartas e o cotidiano da discriminação no Brasil

PAPIRUS 7 MARES

Coordenação	Ana Carolina Freitas
Copidesque	Anna Carolina Garcia de Souza
Design gráfico	Fernando Cornacchia
Revisão	Isabel Petronilha Costa

Dados Internacionais de Catalogação na Publicação (CIP)
(Câmara Brasileira do Livro, SP, Brasil)

Santos, Luana Diana dos
  Sobrevivendo ao racismo: Memórias, cartas e o cotidiano da discriminação no Brasil / Luana Tolentino. – 1ª ed. – Campinas, SP: Papirus 7 Mares, 2023.

ISBN 978-65-5592-038-3

1. Cartas 2. Discriminação racial - Brasil 3. Experiência - Relatos 4. Negros - Relações sociais 5. Racismo - Aspectos sociais I. Título.

23-151096   CDD-305.4209

Índices para catálogo sistemático:

1. Racismo: Relações sociais   305.4209

Cibele Maria Dias – Bibliotecária – CRB-8/9427

1ª Edição – 2023
2ª Reimpressão – 2023

Exceto no caso de citações, a grafia deste livro está atualizada segundo o Acordo Ortográfico da Língua Portuguesa adotado no Brasil a partir de 2009.

Proibida a reprodução total ou parcial da obra de acordo com a lei 9.610/98. Editora afiliada à Associação Brasileira dos Direitos Reprográficos (ABDR).

DIREITOS RESERVADOS PARA A LÍNGUA PORTUGUESA:
© M.R. Cornacchia Editora Ltda. – Papirus 7 Mares
R. Barata Ribeiro, 79, sala 316 – CEP 13023-030 – Vila Itapura
Fone: (19) 3790-1300 – Campinas – São Paulo – Brasil
E-mail: editora@papirus.com.br – www.papirus.com.br

Às crianças negras deste país.
A quem sonha, luta e tem esperança.

*Luto pelo nascimento de um mundo humano, isto é,
um mundo de reconhecimentos recíprocos.*

Frantz Fanon

Sumário

13   Prefácio
Itamar Vieira Junior

17   Apresentação

25   Carta para Ulisses

29   Como o racismo afeta o desenvolvimento das
crianças negras

33   Carta para Renata

39   Pelo fim do "apedrejamento moral" dos estudantes pretos

43   Viola Davis e a importância dos professores em nossa vida

49   Você faz faxina? Não, faço mestrado. Sou professora!

53   Oprah e Viola: Uma entrevista de milhões

59   Carta para Titi Gagliasso

65 "Este é o meu maior sonho: Ser advogada para tirar o meu pai da cadeia"

71 A escola expulsa os meninos negros e os empurra para as prisões

75 Carta para João Pedro

79 Carta para Felipe Santa Cruz

85 O assassinato de Emily e Rebecca sob a óptica dos Racionais MC's

89 Quando um negro morre de "bala perdida", parte de uma mãe negra morre também

93 Moïse, a dor e o luto que nunca cessam

97 Carta para Marielle Franco

103 A atualidade de "I have a dream", discurso de Martin Luther King Jr.

107 Sueli Carneiro: "A ideologia nazifascista está ascendendo no Brasil"

111 No centenário de Dona Ivone Lara, o orgulho de tê-la conhecido

115 Jojo Todynho tem razão: A mulher preta não tem paz

119 Nelson Sargento, o artista que não fazia
questão de ser imortal

123 Carta para Paulo Freire

129 Por uma educação antirracista, professoras negras
se unem em coletivos

135 Meu cabelo não é bombril

139 Escola de Joinville faz lição de casa e se torna referência

143 Escolas privadas precisam firmar compromisso com
uma educação antirracista

149 O Brasil que celebra Exu no Carnaval também
agride estudante umbandista

153 Muniz Sodré e o furto da bicicleta no Leblon

157 Carta para Francia Márquez

161 Passei no doutorado: Tenho o compromisso de
abrir portas para mais gente como eu

165 Ser feia dói?!

171 Sobre aprender a ler, sobre recusar elogios,
sobre a menina que fui

Prefácio

Durante muito tempo vivemos sob a farsa de que o Brasil era uma democracia racial. Um país mestiço, erguido a partir da mistura de três raças. "Aqui", tentavam nos convencer, "a escravidão não foi tão cruel como nos Estados Unidos". Nem mesmo vivemos o *apartheid* como na África do Sul ou fomos segregados como as pessoas negras do sul do país americano. A cultura africana era celebrada na mesa, na dança e mesmo no futebol. Um poderoso executivo de uma rede de televisão publicou um livro onde refutava que o país fosse racista. Ao mesmo tempo, as ideias de degenerescência e de determinismo racial de Nina Rodrigues volta e meia surgiam discretamente nas conversas cotidianas com ares de tese científica.

A educadora Luana Tolentino, autora deste *Sobrevivendo ao racismo*, narra sua experiência como mulher negra brasileira. Primeiro como criança periférica, lugar ocupado ostensivamente por pessoas pretas e pardas. Depois como professora e intelectual, dando seu testemunho pessoal de como o racismo pode ser uma máquina de destruir humanos, e com eles suas dignidades e seus sonhos. A partir de suas crônicas de grande fluidez e que falam diretamente a quem lê, a autora nos oferta um relato sensível das histórias de pessoas negras e de como suas vidas são atravessadas todos os dias por um passado que não foi devidamente enfrentado.

Luana Tolentino se põe na centralidade de sua narrativa, com relatos do preconceito sofrido no ambiente escolar durante sua infância, passando pela maturidade e pelos casos de racismo e violência que se tornaram conhecidos da sociedade nos últimos anos. Algumas crônicas são epistolares e se destinam a interlocutores que conheceremos ao longo da leitura. Outras são narrativas contundentes de fatos de grande apelo público, como o caso de Mirtes Renata e seu filho Miguel e o de Marielle Franco. Contudo, o que sobressai nos seus textos é a certeza de que, nas relações raciais de uma sociedade diversa, só é possível superar o racismo compreendendo toda a teia de ambiguidades e paradoxos que existe nas relações entre pessoas negras e seu entorno.

No mundo contemporâneo, pessoas negras continuam a habitar os "porões dos tumbeiros" que trouxeram seus ancestrais para o continente americano. Ali se inaugurava um novo momento da história da humanidade, maximizado pelo empreendimento capitalista colonial: pessoas negras tiveram suas existências reduzidas a mero bem-econômico com o objetivo de ter sua força de trabalho explorada em prol do enriquecimento dos impérios e de alguns poucos homens. Foram três séculos e meio de desumanização que ainda requer tempo e educação para ser desconstruída.

Saidiya Hartman escreveu que ainda vivemos a sobrevida da escravidão, tempo em que um *ranking* de vida e valor foi inaugurado propagando que vidas negras importam menos e promovendo injustiças que continuam a nos atravessar nos nossos dias. Quando observamos os índices de desenvolvimento humano, o perfil racial dos encarcerados, dos que têm os menores salários, dos que continuam a sofrer com a falta de oportunidades, ou mesmo a serem escravizados, percebemos que há uma longa tarefa pela frente. Esse embate deve ser assumido por todos, por pessoas negras e brancas, com o objetivo de que uma vida sem discriminação seja possível entre nós, porque só haverá democracia de fato quando o racismo for derrotado.

Durante a leitura deste livro recordei de James Baldwin e seu *Notas de um filho nativo*. Através de seus ensaios, o autor nos faz refletir que pessoas negras continuam a viver o exílio de seus ancestrais escravizados à espera de serem integradas à sociedade como cidadãos plenos de direitos, ou seja, que não serão distinguidos pela cor de sua pele. Diante de tanta violência e discriminação, causava espanto a Baldwin que as pessoas negras ainda resistissem: "(...) o que causa espanto não é que tantos afundem na desgraça, mas que tantos consigam sobreviver". Luana Tolentino tem sobrevivido e estende suas mãos aos leitores com seu importante relato.

Mas Baldwin reconhece que a pacificação não será fácil porque "o mundo branco é poderoso demais, autocomplacente demais, excessivamente dado a perpetrar humilhações e, acima de tudo, ignorante e inocente demais para que isso seja possível". Consciente de que o ódio só consegue destruir quem odeia, ele, que recusava a aceitação de qualquer injustiça, indica o caminho do combate: "Essa luta começa, porém, no coração, e agora era responsabilidade minha manter meu coração livre do ódio e do desespero". Não ser escravo do ódio deve também ser o desejo de liberdade de todos nós.

Itamar Vieira Junior

Apresentação

Escrever e publicar este livro é a materialização de um sonho infantil. No limiar entre minha infância e minha adolescência, decidi que queria ser escritora, o que para muitos era visto com estranheza e desconfiança, uma vez que, em uma sociedade racista como a nossa, não é o tipo de aspiração que se espera de uma menina negra.

Inicialmente, o desejo de dedicar parte da minha vida à escrita se deu por ver nessa profissão uma forma de ser parecida com o meu pai, um leitor voraz, que lia não só jornais, mas revistas, receitas, rótulos de produtos de limpeza, bulas de remédios. Certa vez, com o intuito de me humilhar, uma amiga me disse: "Luana, todo mundo sabe que seu pai não tem dinheiro para nada!". Ser diminuída dessa maneira me deixou emudecida, não respondi. Mas, em silêncio, eu falei: "Pelo menos o meu pai é culto".

Ter um pai que presenteava livros a mim e a meus irmãos era uma espécie de distintivo, que me tornava digna, capaz, ainda que aos olhos dos outros isso não tivesse importância nenhuma. À medida que crescia e me deparava com situações de muita precariedade material em minha casa, meu sonho ficava ainda mais latente. Acreditava que, escrevendo livros, poderia ter uma vida "boa", como a dos escritores que eu via na televisão. Além disso, imaginava como deveria ser prazeroso dar entrevistas, fazer palestras, falar publicamente sobre o processo criativo.

Um pouco mais adiante, o desejo de escrever passou a ser uma espécie de sustento emocional, que me dava ferramentas para suportar a violência racista que eu enfrentava na escola quase que diariamente. Tomando de empréstimo as palavras do antropólogo Muniz Sodré, cada vez que era "marcada moralmente pela opressão sórdida",[1] intimamente, eu pensava: "Aguente, Luana. Fique firme. Sua vida não vai ser assim para sempre". Em diversos momentos, a escrita foi a minha salvação.

O que eu não imaginava é que, ao tornar-me escritora, um número considerável dos meus textos teria como ponto central os impactos do racismo na vida da população negra deste país. Escrevo sobre o mundo que me rodeia e também sobre o que vivo e sinto na pele. Se a meu pai atribuo a condição de grande influenciador da minha paixão pelas letras, ao Ações Afirmativas, programa da Faculdade de Educação da Universidade Federal de Minas Gerais, que tem como principal objetivo garantir o ingresso e a permanência de estudantes negros na instituição, devo o despertar do meu compromisso com a causa negra, que dá sentido à minha existência e está presente nos textos que compõem este livro.

---

1   Muniz Sodré. "O outro lado do desespero". *Folha de S.Paulo*, 18 fev. 2023. [Disponível na internet: https://www1.folha.uol.com.br/colunas/muniz-sodre/2023/02/outro-lado-do-desespero.shtml, acesso em 21/2/2023.]

Foi em 2006, no Ações, à época coordenado pela ex-ministra Nilma Lino Gomes, que em meio a estudantes e professores negros, pela primeira vez, verbalizei o orgulho de ser negra. Foi lá também que me deparei com uma série de livros de intelectuais afro-brasileiros, até então desconhecidos por mim. Pensei: além de escrever, quero fazer da minha escrita uma forma de ativismo em favor do enfrentamento ao racismo. É isso o que eu quero, o que vou fazer.

E são justamente os meus sonhos, o meu engajamento na luta antirracista, a minha esperança na construção de uma sociedade em que os meus possam ser reconhecidos e viver com dignidade que trago nas páginas a seguir. *Sobrevivendo ao racismo: Memórias, cartas e o cotidiano da discriminação no Brasil* reúne 32 textos, escritos entre 2017 e 2022, publicados inicialmente na revista *CartaCapital*. Por se tratar de crônicas ligadas ao cotidiano brasileiro, quando necessário, fiz pequenas atualizações, a fim de evitar anacronismos ou falta de contextualização.

Ao longo de todo o livro, a menina Luana é presença constante. Recentemente, compreendi que eu precisava me conectar à garota que sobreviveu ao racismo, que sonhava em ser escritora e ter uma biblioteca em casa. Entendi que era preciso vê-la como ela sempre desejou ser vista, de modo que curasse suas feridas que ainda reverberam na mulher que me tornei. Ao fazer esse exercício, vi a possibilidade de entrar em contato de maneira especial com as milhares de Luanas que foram e continuam sendo "apedrejadas moralmente"[2] nas salas de aula de todo o país, como bem lembrou a pesquisadora Eliane Cavalleiro.

---

2   Eliane Cavalleiro. "Dia da Consciência Negra: Por um Estado que proteja as crianças do apedrejamento moral no cotidiano escolar". Geledés, 20 nov. 2010. [Disponível na internet: https://www.geledes.org.

Ao rememorar a minha infância e os episódios em que tive a humanidade negada durante meu percurso escolar, busquei chamar a atenção para o que "a opressão e o preconceito racial podem causar na mais vulnerável das criaturas: uma menina negra".[3] A partir da assertiva da escritora afro-americana Toni Morrison, da minha experiência de mais de uma década como professora da educação básica e do ensino superior, como também da minha condição de estudiosa dessas questões, propus-me a apontar o papel da escola e de toda a sociedade na erradicação do racismo que mutila, castra sonhos, segrega, fecha portas e mata.

Em janeiro de 2023, a Lei Federal n. 10.639,[4] que tornou obrigatório o ensino da História e Cultura Afro-brasileira e Africana em instituições de ensino públicas e privadas, completou 20 anos. Neste livro, registrei em diversas passagens as consequências do não cumprimento da referida lei. O silêncio, a negação do racismo no ambiente escolar e a falta de investimentos na formação de professores para a promoção de uma educação antirracista têm contribuído sobremaneira para que a escola seja um lugar de dor e sofrimento para crianças, jovens e adultos negros.

Se, por um lado, dados, estatísticas e episódios de racismo apontam para o fato de que as escolas ainda produzem e reproduzem o *apartheid* que marca a sociedade brasileira, por outro, fiz questão de destacar iniciativas exitosas de combate às desigualdades raciais empreendidas, sobretudo, por professoras negras, do "chão

---

br/dia-da-consciencia-negra-por-um-estado-que-proteja-criancas-negras-apedrejamento-moral-cotidiano-escolar, acesso em 21/10/2022.]

3   Toni Morrison. "Orelha". *In*: Toni Morrison. *O olho mais azul*. São Paulo: Companhia das Letras, 2022.

4   Alterada pela Lei n. 11.645/08, passando a incorporar a história e a cultura dos povos indígenas.

da escola", cujos trabalhos mostram que uma educação cidadã, transformadora, capaz de propiciar a negros e a não negros a valorização da diversidade e o reconhecimento mútuo, é possível.

Conforme aponta o título desta obra, as cartas, gênero textual pelo qual tenho imenso apreço e que há muito me acompanha, também se fazem presentes. Durante um período da minha adolescência, quase que diariamente, escrevi cartas endereçadas a mim mesma. Nelas, imprimia palavras que me ajudavam a enfrentar o preconceito e a sensação de ser invisível, toda quebrada por dentro, sentimento assim registrado pela atriz Viola Davis: "A invisibilidade do combo formado pela negritude e pela pobreza é algo brutal".[5] Eram cartas que diziam sobre o presente, mas com olhos no futuro. Um futuro sem dor, de realização dos meus sonhos.

Eu as escrevi em uma agenda por um longo tempo. Até que um dia uma colega descobriu e, às gargalhadas, mostrou a seus familiares. As minhas dificuldades, as minhas angústias foram expostas sem o meu consentimento. Fui tachada de louca. Constrangida, ouvi tudo em silêncio. Joguei a agenda fora e prometi não mais escrever as cartas.

Mesmo sem conseguir apagar da memória essa passagem que me deixou ferida e envergonhada, nunca parei de pensar que elas, entre outras coisas, permitem colocar no papel o que há de melhor em nós e ofertar ao outro. Diante dessa constatação, como educadora, fiz das cartas um recurso pedagógico recorrente. Elas sempre protagonizaram atividades realizadas pelos meus alunos. O

---

5   Viola Davis. *Em busca de mim*. Rio de Janeiro: BestSeller, 2022, p. 89.

entusiasmo, a alegria que eles demonstravam durante a elaboração dos textos proporcionou, para mim, a retomada desse hábito que permanecera adormecido por muitos anos.

As oito cartas que apresento neste livro, dirigidas a pessoas anônimas e famosas, foram escritas partindo do princípio de que é possível combater o racismo também por meio da sensibilização, do afeto, conforme destaca o professor Muniz Sodré, que tem sido um verdadeiro farol no meu percurso, no meu trabalho. Com o intuito de mostrar aos que me leem o que o racismo provoca na vida de nós, negros e negras, enderecei mensagens a Titi Gagliasso, a Marielle Franco e ao colega Ulisses, meu par em uma festa junina da escola em que estudávamos no início dos anos 1990. O que era para ser um momento de celebração, para mim, resultou em uma situação de abandono e desprezo, da qual guardo a lembrança de ter sido chamada de "macaca" pela primeira vez na minha vida.

Várias crônicas produzidas entre 2019 e 2022 possuem em comum a característica de serem profundamente marcadas pela violência. Dada a brutalidade dos acontecimentos que motivaram a produção dos textos, confesso que não gostaria de tê-los escrito. Infelizmente, são o reflexo de um país que nos últimos anos foi tomado pela institucionalização da barbárie, da qual negros e indígenas assomam como suas principais vítimas. Alguns escritos retratam o descaso com a vida humana durante a pandemia de Covid-19, que vitimou mais de 700 mil brasileiros. Trazem também o recrudescimento da violência policial contra pretos e favelados, que tem ceifado, inclusive, a vida de crianças pretas ainda na primeira infância. Os textos desse período tratam dos silenciados, dos que não sobreviveram ao racismo, dos que ficaram pelo caminho.

Em meio à dor, à violência racista que estrutura as relações sociais no Brasil, ao sonho, à realização e à esperança, apresento este livro como um chamado à luta contra o racismo e todos os abismos que ele produz. Uma luta da qual todos nós precisamos participar ativamente.

Carta para Ulisses

Ouro Preto, 21 de junho de 2019.

Oi, Ulisses.

Espero que esta carta o encontre bem!

É muito provável que você não se lembre de mim. Lá se vão 29 anos desde a última vez em que nos vimos. Durante todo esse tempo, eu nunca me esqueci de você. A seu lado, vivi um dos momentos mais dolorosos de toda a minha vida escolar. Era junho de 1990 quando nossa professora levou a turma para o pátio da escola. Era hora de ensaiar para a festa junina.

Como de costume, Diogo e Bruna foram os primeiros a ser escolhidos. A professora decidiu que eles seriam os noivos da festa. Na escola, tudo girava em torno deles. Acho que nunca vi olhos tão azuis quanto os do Diogo. À medida que os pares foram se formando, um sentimento de angústia tomou conta de mim. Eu não entendia por que a minha vez nunca chegava. Quando me dei conta, todas as crianças já haviam sido escolhidas. Só nós dois havíamos sobrado. Então a professora apontou o dedo em nossa direção e proferiu:

- Luana e Ulisses! Já para o último lugar da fila! Vocês vão dançar juntos!

Naquele momento, eu tive noção de como era o inferno de que o padre Zé Carlos sempre falava na missa aos domingos.

As palavras da professora foram suficientes para que toda a turma começasse a rir e a gesticular imitando animais. Enquanto caminhava para o meu lugar, ouvi gritos: "Macaca!" "Chimpanzé!". Foi a primeira vez que ouvi alguém se dirigir a mim dessa maneira. Lembro que segurei a sua mão. Não sei ao certo se fiz isso para protegê-lo, ou para conseguir caminhar até o final da fila em meio a tanta humilhação.

Lembro que, assim como as outras crianças, você também achou graça. Imagino que para sobreviver a tudo aquilo. Permaneci séria. Lembro-me das minhas pernas bambas, das mãos geladas, da garganta seca, da vontade de não voltar mais para a escola. Mas o pior é lembrar que a nossa professora não fez nada para nos defender. Enquanto escrevo, posso vê-la sorrindo diante de tamanha barbaridade.

Quando começamos a dançar, o meu corpo, as minhas pernas não conseguiam acompanhar o ritmo da música. Depois de tudo o que ouvimos, não tinha mais clima para festa. Para piorar, no dia da apresentação, os meus pais não puderam ir. Eu me senti ainda mais só.

Ao rememorar tudo isso, sinto uma tristeza imensa. Fico me perguntando em que momento as crianças aprendem que, para nos humilhar, nos ofender, para ferir nossa alma, elas devem nos chamar de "macacos". Penso também que após tanto tempo, professoras e professores continuam agindo da mesma maneira como a nossa agiu. Muitos se omitem em relação às práticas discriminatórias que acontecem dentro das escolas.

Ainda hoje, nas festas juninas, quase sempre os noivos, o padre, o rei e a rainha da pipoca são crianças como Diogo e Bruna. Não sei se você sabe, mas desde 2003 há uma lei federal que determina o ensino da cultura e da história dos africanos e dos afro-brasileiros, e também o combate ao racismo existente no ambiente escolar. Mesmo assim, crianças e jovens negros continuam sendo vítimas de violências desse tipo.

São os alunos e as alunas de pele negra que mais apresentam baixa autoestima. São os estudantes negros que lideram os índices de repetência e "evasão" escolar. São os meninos e as meninas negras os principais alvos das agressões físicas e verbais que ocorrem nas instituições de ensino.

Quando as escolas optam por não promover uma educação antirracista, elas estão sendo coniventes com a dor, com o sofrimento e a exclusão dos estudantes negros. Não me canso de dizer: quem cala consente.

Atualmente, sou professora universitária. Dou aulas em cursos de licenciatura. Minha esperança é que meus alunos e alunas, ao chegarem às escolas, não permitam que outras crianças experimentem o que vivemos em junho de 1990.

Poxa, Ulisses! Acho que falei demais... Acabei não perguntando de você. Como vai? O que tem feito? Logo que puder, dê notícias.

Como eu escrevi no início desta carta, espero que esteja bem e com saúde. Bem, feliz e em paz.

Uma vida rica e iluminada: é o que eu desejo a você.

Um abraço, Ulisses!

Meu amigo. Meu par.

Luana Tolentino

Como o racismo afeta o desenvolvimento das crianças negras

Era 1991. Um ano muito ansiado por mim. Deixava uma pequena escola da educação infantil e chegava à antiga 1ª série, em um enorme grupo escolar, com muitas salas, cantina, quadras, jardim e todo um universo que a minha meninice não era capaz de imaginar. Na mochila, carregava cadernos, lápis, apontador, tesoura, borracha e cola, e um desejo imenso de usá-los.

Por ser o primeiro dia de aula, havia uma movimentação grande na escola. Os alunos recém-chegados e os "veteranos" buscavam nas listas, afixadas na porta da secretaria, o nome e sua respectiva turma. Precisei fazer todo esse ritual sozinha, pois meus pais não puderam me acompanhar. Aos 7 anos, tive que dar conta das responsabilidades que tal momento de transição exigia. Eu me senti meio insegura, tive medo de não encontrar minha turma, mas sabia que precisava ir em frente.

Em meio ao alívio de ter descoberto minha sala e de saber que a "tia" Nádia seria minha professora, fui assombrada pelo racismo. Durante a caminhada que me levaria ao encontro dos novos colegas, um garoto gritou: "Macaca!". Assustada, temi que ele pudesse fazer algo além do xingamento. Enquanto eu sentia meu coração apertado e minhas mãos suando, ele ria, gargalhava. Eu tinha consciência de que ele usara o nome de um animal para me ofender, me humilhar, em razão da cor da minha pele, mas não entendia o motivo daquela violência tão gratuita, afinal, nunca tínhamos nos visto antes.

Essa cena se repetiu por diversas vezes ao longo do meu percurso no ensino fundamental. No médio, eu já não ouvia mais a palavra "macaca", mas as formas de racismo eram outras. Piadinhas, risos abafados, processos de exclusão que estavam relacionados à cor da minha pele. Tudo isso teve um custo. Um custo alto. Como bem escreveu Toni Morrison, tive a minha autoestima dilacerada. Cresci com um sentimento de inferioridade, que vez por outra me coloca em ciladas, me leva a abismos profundos.

Essa história não é só minha. Ela se repete, atravessa a vida de milhões de crianças negras e provoca sérios impactos no desenvolvimento infantil. É o que revela uma pesquisa realizada pela equipe do Centro de Desenvolvimento da Criança, da Universidade de Harvard, cujos resultados foram traduzidos no Brasil pelo Núcleo Ciência pela Infância (NCPI).[6]

De acordo com o estudo, o estresse provocado pela discriminação racial "pode ter um efeito significativo de desgaste no cérebro em desenvolvimento e em outros sistemas biológicos" das crianças, o

---

6   *Racismo, educação infantil e desenvolvimento na primeira infância* (livro eletrônico). Comitê Científico do Núcleo Ciência pela Infância. São Paulo: Fundação Maria Cecília Souto Vidigal, 2021. [Disponível na internet: www.ncpi.org.br, acesso em 28/10/2022.]

que provoca danos na aprendizagem, no comportamento, na saúde mental e física de meninos e meninas.

Outro ponto destacado refere-se à qualidade de vida. Segundo a pesquisa, indivíduos desse grupo social são mais acometidos por doenças crônicas e encontram maiores dificuldades de acessar os serviços de saúde. Quando conseguem fazê-lo, muitas vezes recebem tratamento desigual, de baixa qualidade. Com isso, o índice de mortalidade em decorrência de doenças cardíacas, renais e diabetes é maior entre as crianças negras.

As análises elaboradas pelo Centro de Desenvolvimento da Criança trazem ainda uma questão pouco discutida nos debates sobre racismo e infância: o adoecimento dos responsáveis pelas crianças, que têm de lidar com a violência racial a que são submetidas. De acordo com o estudo, "quando a saúde mental dos cuidadores é afetada, os desafios de lidar com ela podem causar uma resposta excessiva ao estresse em seus filhos".

A partir do meu relato dos dados apresentados pela pesquisa, evidencia-se que a discriminação racial tem negado às crianças negras o direito a uma vida plena, segura e feliz. O combate ao racismo que estrutura a sociedade e fere de morte meninas e meninos negros é uma tarefa que precisa ser assumida por todos nós. E tem de ser agora.

Carta para Renata

Ouro Preto, 15 de julho de 2019.

Querida Renata,

Há tempos desejo lhe escrever. O correr dos dias me impediu de fazê-lo antes. Espero que ainda esteja em tempo de abraçá-la, de prestar solidariedade a você e a sua filha.

Acompanhei com muita tristeza e indignação o episódio em que você se viu obrigada a tirar sua filha de uma escola da zona sul do Rio de Janeiro por causa da violência racista que ela vinha sofrendo.[7] Escrevo para que vocês saibam que não estão sós. Escrevo por saber exatamente o que sua filha passou.

Em 1993, eu tinha praticamente a mesma idade que a sua filha tem hoje. Estava na 3ª série. Eu vivia amedron-

---

7 No dia 13 de abril de 2019, o jornalista Ancelmo Gois noticiou o episódio em sua coluna no jornal *O Globo*, o que fez com que vários setores da sociedade repudiassem a leniência da escola diante do caso. Sensibilizada, resolvi dar vida a esta carta.

tada pela Cristiane, que era três anos mais velha do que eu. Todos os dias ela me chamava de "macaca". Durante o recreio, na hora da saída, o tempo inteiro. Nas aulas de Educação Física, bastava que eu tocasse a bola para que ela imitasse sons e gestos que lembravam chimpanzés. A perversidade era tamanha que a Cristiane me chamava de "macaca" até na hora da oração do pai-nosso, que rezávamos antes do início das aulas.

Por muito tempo, mantive tudo isso em segredo. Até que um dia não aguentei mais. Contei para a minha professora o que estava acontecendo. Na sala de aula, Nazaré pediu que eu me colocasse diante de todos os alunos. Senti uma angústia imensa. Era como se eu soubesse que algo de ruim iria acontecer. Eu não estava enganada. Nazaré me pegou pelo braço e disse:

- Olhem bem para a Luana! Vocês acham que ela se parece com uma macaca?

Um abismo sem fim se abriu sob os meus pés. A sala foi tomada por um barulho ensurdecedor. Segurei o choro. Chorar naquele momento tornaria as coisas ainda mais difíceis para mim. Não consegui encarar a turma. Olhando para o chão, ouvi gritos, batidas nas carteiras, gargalhadas e, mais uma vez, sons que remetiam a animais.

Nazaré, que era dada a gritar, pedia aos alunos que ficassem em silêncio. Sem sucesso. Nada era capaz de fazer com que meus colegas refletissem sobre o que se passava dentro de mim naquele momento. Nazaré deu um último grito:

- Luana, volte agora para o seu lugar!

E eu, que era a vítima, fui culpabilizada pela algazarra que tomou conta da turma.

Estávamos na aula de Matemática. Aprendíamos a tabuada do 3. Na tentativa de apagar o que acontecera, comecei a fazer contas de multiplicação mentalmente: 3 x 0 = 0; 3 x 1 = 3; 3 x 2 = 6. Fiquei tão desnorteada que não conseguia avançar. Então, eu começava tudo de novo: 3 x 0 = 0; 3 x 1 = 3; 3 x 2 = 6. Até que desisti. Depois daquele dia, eu, que tinha excelentes notas na disciplina, não consegui mais ter o mesmo rendimento de antes. Ainda hoje, fazer contas simples é um verdadeiro suplício para mim.

Como você deve saber, em 2003, após longas lutas do Movimento Negro, foi sancionada a Lei n. 10.639, que obriga escolas públicas e privadas a reconhecer e valorizar a história e a cultura africana e afro-brasileira em sala de aula. A lei exige ainda o combate à discriminação racial no cotidiano escolar, de modo a construir um ambiente plural, igualitário e inclusivo para todos e todas que frequentam as escolas.

Quando casos como o da sua filha vêm a público, temos certeza de que a lei não está sendo devidamente cumprida. Em função disso, as escolas continuam sendo espaços de dor, sofrimento e invisibilidade para crianças e jovens negros, em todos os níveis de ensino. Pesquisas revelam que nas creches são as crianças negras que mais esperam pela troca das fraldas. São as crianças negras que levam mais tempo para receber o banho e as refeições. São as crianças negras que recebem menos afeto das educadoras.

Sabe, às vezes penso que as pessoas que não nasceram negras deveriam vestir a nossa pele por um único dia. Dessa forma, elas saberiam o que significa ser negro neste país. Saberiam o que significa ser humilhado e violentado em razão da cor desde os primeiros anos de vida. Saberiam o que é ser olhado com desprezo e desconfiança. Saberiam o que é ter a humanidade negada. Sim, quando alguém nos chama de "macaco", está negando a nossa condição de gente. Quando soldados do Exército disparam oitenta tiros contra um homem negro, também.[8]

Atualmente, dou aulas em cursos de licenciatura. Trabalho na formação de professores. Peço aos meus alunos que não sejam coniventes com a violência racial que se faz presente nas escolas. Aqueles que permanecem em silêncio diante de situações como a vivida pela sua filha são tão cruéis quanto quem pratica o racismo. Como educadores, precisamos lutar para que a escola seja um espaço de felicidade e realização para meninos e meninas negras.

---

8   Em 7 de abril de 2019, soldados do Exército disparam ao menos oitenta tiros contra o carro do músico Evaldo Rosa, que, juntamente com sua família, se dirigia a um chá de bebê, na zona oeste do Rio de Janeiro. Evaldo morreu na hora, deixando esposa e filho. Na ação, morreu também o catador de recicláveis Luciano Macedo, que tentou ajudar os parentes do músico.

Como você bem sabe, a luta é dura e árdua, mas não podemos desistir, esmorecer. Acredito que ainda teremos muitas histórias bonitas para contar. Repito mais uma vez: tenha certeza de que você e sua filha não estão sozinhas nessa travessia.

Vamos em frente, Renata! Vamos juntas!

Deixo um abraço grande, apertado e cheio de esperança.

Outro maior para sua filha.

Luana Tolentino

Pelo fim do "apedrejamento moral" dos estudantes pretos

As linhas que se seguem partem da criança que eu fui. Ainda menina, por diversas vezes, experimentei a violência racista sem que houvesse nenhuma intervenção no espaço escolar.

Era 1995. Eu acabara de ingressar na antiga 5ª série. Vivia a expectativa de estudar em uma nova escola, ter um professor diferente para cada disciplina, fazer a travessia entre a infância e a adolescência. O que era um momento muito esperado tornou-se, em muitas ocasiões, um verdadeiro tormento.

Tive o Bruno como colega de classe. Passar os dias me perseguindo, me humilhando pelo fato de ser negra, era algo prazeroso para ele. Certa vez, enquanto eu caminhava pelo corredor que dava acesso às salas, ele cuspiu em mim. Sou capaz de ouvir sua gargalhada ao perceber que havia me acertado.

Bruno estava com a boca cheia de biscoito. Além do cuspe, meu uniforme ficou cheio de farelos. Eu não reagi. Não disse nada. Mais velho que eu, Bruno se impunha pelo tamanho, o que me intimidava, me deixava com medo. Lembrando dessa história, vou ao encontro das palavras que a pesquisadora Eliane Cavalleiro registrou no livro *Do silêncio do lar ao silêncio escolar*: "(...) a solução encontrada era esquecer a dor e o sofrimento. Vã tentativa. Pois pode-se passar boa parte da vida, ou até mesmo a vida inteira, sem nunca esboçar qualquer lamento verbal como expressão de sofrimento. Mas sentir essa dor é inevitável".[9]

A partir dessa e de tantas outras experiências traumáticas que vivenciei, desenvolvi minha trajetória de educadora, como também meu interesse, meu desejo de chamar a atenção, por meio de textos, vídeos, entrevistas e de minha atuação em sala de aula, para as atrocidades que crianças negras vivenciam desde os primeiros anos de vida. Atrocidades que mutilam a autoestima, impedem o sucesso escolar, negam oportunidades, castram sonhos e usurpam o *Estatuto da Criança e do Adolescente* (ECA), que assevera: "A criança e o adolescente têm direito à liberdade, ao respeito e à dignidade como pessoas humanas em processo de desenvolvimento e como sujeitos de direitos civis, humanos e sociais garantidos na Constituição e nas leis".[10]

Na tentativa de sensibilizar aqueles que me leem, ouvem, que já são professores e que ainda serão, recorro à minha trajetória de vida e também a pesquisadoras cujos estudos evidenciam que experienciar a escola como um lugar de realização tem sido um grande desafio para as crianças negras. Com base em dados governamentais,

---

9   Eliane Cavalleiro. *Do silêncio do lar ao silêncio escolar: Racismo, preconceito e discriminação na educação infantil.* São Paulo: Contexto, 2000, p. 10.

10   *Estatuto da Criança e do Adolescente*, 2017, p. 16.

no final da década de 1980, Fúlvia Rosemberg[11] constatou que esse grupo encontra maiores dificuldades para conseguir vagas, sobretudo em instituições de qualidade. A socióloga apontou ainda que, em tais espaços, o racismo faz com que essas crianças levem mais tempo para terem as fraldas trocadas e para receberem comida, além de receberem menos afeto.

Apesar dos avanços na legislação educacional vigente, os dados apontados ainda ecoam nos dias atuais. Eliane Cavalleiro afirma que, em pesquisa realizada em escolas da cidade de São Paulo, foi possível perceber que "as professoras ao se aproximarem das crianças negras mantinham, geralmente, uma distância que inviabilizava o contato físico. É visível a discrepância de tratamento que a professora dispensa à criança negra, quando a comparamos com a criança branca. Situações como essas induzem a pensar que com as crianças brancas, as professoras manifestam maior afetividade, são mais atenciosas e acabam até mesmo por incentivá-las mais do que às negras. Assim, podemos supor que, na relação professor/aluno, as crianças brancas recebem mais oportunidades de se sentirem aceitas e queridas do que as demais".[12]

Tais apontamentos levam Eliane Cavalleiro a concluir que a infância das crianças negras, em grande medida, é marcada pela desqualificação racial, uma vez que elas são submetidas a rituais que negam sua condição de sujeito, que atentam contra suas raízes étnico-raciais. Em creches e pré-escolas, aprendem desde cedo que

---

11   Fúlvia Rosemberg. "Relações raciais e rendimento escolar". *Cadernos de Pesquisa*, n. 63, 1987, pp. 19-23.

12   Eliane Cavalleiro. *Do silêncio do lar ao silêncio escolar: Racismo, preconceito e discriminação na educação infantil*. São Paulo: Contexto, 2000, p. 73.

atributos positivos são privilégios das crianças brancas, ao passo que o ruim, o mau, o negativo recaem sobre os não brancos. Falas, práticas, brinquedos e recursos didáticos a todo tempo informam a essas crianças que aquele universo não lhes pertence.

É bem verdade que a superação do racismo na educação demanda o envolvimento das famílias, de organizações da sociedade civil e de governos, mas é inegável que as escolas precisam reconhecer sua importância na promoção de uma educação capaz de fazer frente aos processos discriminatórios que alimentam a segregação e a violência contra os grupos historicamente excluídos. Nesse sentido, a pedagoga Nilma Lino Gomes pergunta: "Será que estamos dispostos? Podemos, como educadores comprometidos com a democracia e com a luta pela garantia dos direitos sociais, recusar essa tarefa?".[13]

Pôr fim à desqualificação racial das crianças negras deve ser uma meta de todos nós. As respostas para tais perguntas revelam muito de quem somos. E da sociedade que desejamos ajudar a construir.

---

13 Nilma Lino Gomes. "Educação e relações raciais: Refletindo sobre algumas estratégias de atuação". *In*: Kabengele Munanga. *Superando o racismo na escola*. Brasília: MEC, 1999, p. 154.

Viola Davis e a importância dos professores em nossa vida

Estou fazendo aulas de inglês. Seguindo os conselhos de Filipe, meu professor, tenho assistido a filmes e séries com mais frequência para apreender melhor o idioma. Quase sempre, vejo produções que se relacionam com a minha vida, com meu campo de estudo. Nesse sentido, ando cada vez mais apaixonada pelas personagens e discursos de Viola Davis.

Encontrei um vídeo na internet que apresenta um compilado de declarações da atriz hollywoodiana. Ao longo de seis minutos, Davis conta sobre sua infância pobre. Filha de pai alcoólatra, a violência doméstica e a fome foram constantes em sua caminhada: "Íamos para a cama e ouvíamos os ratos matando pombos no telhado. Faziam barulhos altos. Enrolávamos lençóis no pescoço à noite, porque os ratos rastejavam por buracos na parede e podíamos ouvi-los roendo nossos brinquedos, pulando em cima de nossa cama. Eu fiz de tudo para conseguir comida. Eu roubei para comer, eu entrei em latas de lixo enormes, cheias de larvas, por comida. Eu sacrifiquei a infância por comida. Eu cresci com uma vergonha imensa", relata a vencedora do Oscar de melhor atriz coadjuvante em 2017.

Em outra passagem, ao falar da vida adulta, Viola Davis lembrou como sua trajetória escolar permaneceu viva por muito tempo: "Eu era traumatizada pelo passado. Eu era aquela garotinha fugindo de oito ou nove meninos que ficavam sempre dizendo: 'Sua neguinha feiosa!', 'Você é feia!', 'Você é negra!'. É verdade que muito foi internalizado em mim e se manifestou em baixa autoestima, nos relacionamentos ruins, não acreditando em mim".

Vi a Luana menina e a Luana mulher nessas falas. É impressionante como nossas histórias, de mulheres negras, em alguma medida se encontram, sobretudo, no que diz respeito à dor, sendo objeto de estudo de teóricas como bell hooks, Audre Lorde, Beatriz Nascimento e Vilma Piedade.

Diante de tantos reveses, de tantas adversidades, Viola lembra da importância de um mentor ou mentora, de uma referência positiva para que pessoas com experiências análogas às suas superem traumas e construam narrativas exitosas. Tive sorte. Ao longo da vida, encontrei várias pessoas que assumiram esse lugar e foram fundamentais para que eu chegasse até aqui. Dentre elas, o Heli e o Paco, professores que não me permitiram ficar invisível em sala de aula, assim como acontece com milhões de meninas e meninos negros deste país.

Eu estava cursando a antiga 6ª série quando o Heli, que atualmente é professor da Faculdade de Educação da Universidade Federal de Minas Gerais (UFMG), pediu que a turma produzisse um texto. Infelizmente, não me recordo do tema, mas jamais esquecerei da reação dele ao devolver minha atividade. Pousando a mão em meu ombro, ele sorriu:

– Luana, você tem jeito de escritora! Um dia ainda vou ouvir falar muito de você!

Fiquei tão tomada pelas palavras do meu professor de História, que permaneci em silêncio. Não disse nada. Na hora do recreio, fui para um lugar bem distante do pátio. Sozinha, pensei no gesto do Heli. Senti verdade em suas palavras. Imaginei quanto tempo levaria para que ele ouvisse falar de mim. Dez, vinte anos? Algo me dizia que eu podia e devia esperar.

Na 8ª série, o Paco, hoje também professor da UFMG, pediu uma redação. Tínhamos de escrevê-la tomando como base os versos da música "Perfeição", da Legião Urbana. Ainda posso ouvir suas palavras ao entregar meu texto:

– Menina! Isto aqui está muito bom! Vou mostrar para o Roberto Drummond!

Após ouvi-lo, desejei que a aula terminasse. Precisava contar para alguém o que ele havia dito. Logo que o sinal tocou, eu corri. Ao chegar em casa, dei de cara com o meu pai:

– Pai! Meu professor falou que vai mostrar meu texto para o Roberto Drummond! Ele falou, pai!

Eu pulava, eu gritava, era como se eu pudesse abraçar meu próprio corpo. Meu pai, que sempre ri de tudo, esboçou apenas um sorriso sem graça, não compreendendo o motivo de tamanha euforia. Explico. Além da felicidade provocada pelas palavras do Paco, eu sabia quem era o Roberto Drummond, escritor que ficou conhecido nacionalmente após seu romance *Hilda Furacão* virar uma minissérie na TV. Na minha cabeça, essa era a maior prova de que eu me tornara uma garota inteligente, como tanto queria. Sendo assim, a partir daquele momento, ninguém mais seria capaz de me ofender ou humilhar. "A vida do preto brasileiro é toda tecida de humilhações", disse sabiamente o escritor Nelson Rodrigues.

Em outro trecho do vídeo, Viola Davis afirma ainda: "Eu sabia que queria ser atriz porque queria ser alguém. Eu queria sonhar grande. Eu queria deixar uma marca". Novamente, me vi nas palavras de Davis, pois, ainda menina, tinha a convicção de que, ao me tornar escritora, minha vida seria diferente, eu poderia superar as dificuldades materiais da minha família, criar condições para enfrentar o racismo que dilacerava meu ser. É o que a atriz afro-americana chamou de "visão de futuro".

Mais de 20 anos se passaram desde que meus professores prestaram atenção em mim, naquilo que, como aluna do ensino fundamental, eu tinha de melhor: a escrita. A profecia do professor Heli se cumpriu. Em 2018, lancei *Outra educação é possível: Feminismo, antirracismo e inclusão em sala de aula*,[14] que tem sido adotado em instituições dos ensinos básico e superior. Paco esteve no lançamento. Era tanta lágrima que dava para encher a reserva de água do Sistema Cantareira, em São Paulo. Escrever tem me levado a lugares que pessoas da minha cor dificilmente conseguem acessar.

Em meu percurso como formadora de professores, sempre ouço colegas completamente consumidos pela burocracia escolar.

---

14   Luana Tolentino. *Outra educação é possível: Feminismo, antirracismo, inclusão em sala de aula*. Belo Horizonte: Mazza, 2018.

Quando apresento a necessidade de se repensar a educação e as práticas pedagógicas, sou atravessada por uma série de indagações, muitas vezes carregadas de angústias: "Luana, e a BNCC?", "Luana, e o conteúdo?", "Luana, e o Ideb?"; como se a ação de ensinar tivesse como única finalidade atender a demandas e interesses externos.

Digo sempre que não podemos aceitar o lugar de meros transmissores de conteúdos. A escola deve ser também o lugar da escuta, do afeto, de revelar talentos, de oportunidades, de enfrentamento do racismo e das demais formas de discriminação. Como docentes, devemos trabalhar para que a escola seja um lugar de felicidade, onde nenhuma criança ou adolescente tenha a dignidade violentada, assim como a Viola Davis e eu tivemos.

No vídeo, Davis diz ainda que podemos usar a dor e os traumas para transformar, para influenciar pessoas de maneira positiva. É o que tento fazer. Quero ser para os meus alunos o que o Heli e o Paco foram para mim.

Você faz faxina?

Não, faço mestrado.

Sou professora!

Em 2017, enquanto caminhava em direção ao trabalho, uma senhora me parou na rua e perguntou se eu fazia faxina. Altiva e segura, respondi:

– Não, faço mestrado. Sou professora!

Da boca dela, não ouvi mais nenhuma palavra. Acho que a incredulidade e o constrangimento impediram que ela dissesse qualquer outra coisa.

Não me senti ofendida com a pergunta. Durante uma passagem da minha vida, fiz do trabalho doméstico minha profissão. Arrumei casas, lavei banheiros e limpei quintais. Com o dinheiro que recebia, por diversas vezes ajudei minha mãe a comprar comida e com ele consegui pagar o primeiro período da faculdade.

O que me deixou indignada e entristecida é perceber como as pessoas são entorpecidas pela ideologia racista. Sim. A senhora só me perguntou se faço faxina porque carrego no corpo a pele escura.

No imaginário social brasileiro, está arraigada a ideia de que nós, negros, devemos ocupar somente funções de baixa remuneração e que exigem pouca escolaridade. Quando se trata das mulheres negras, espera-se que o nosso lugar seja o da trabalhadora doméstica, da faxineira, da babá, da catadora de papel.

Foi esse mesmo olhar que já fez com que, ao chegar a uma escola para assumir o cargo de professora, o porteiro perguntasse se eu estava procurando vaga para serviços gerais. Foi essa mentalidade que levou um outro porteiro a indagar se eu era a faxineira de uma amiga, a qual eu fora visitar. Foi essa construção racista que induziu a recepcionista da cerimônia de entrega da Medalha da Inconfidência – a maior honraria concedida pelo Governo do Estado de Minas Gerais – a questionar se eu era convidada de alguém, quando, na verdade, eu era uma das homenageadas.

Não importam os caminhos pelos quais a vida me leve, os espaços que eu transite, os títulos que venha a ter, os prêmios que eu receba. Perguntas como a feita por aquela senhora, em algum momento, ecoarão em meus ouvidos. Como nos lembra o geógrafo baiano Milton Santos: "Quando se é negro, é evidente que não se pode ser outra coisa, só excepcionalmente não se será o pobre. (...) [Excepcionalmente] Não será pobre, não será humilhado, porque a questão central é a humilhação cotidiana. Ninguém escapa. Não importa que fique rico".[15]

É o que também afirma Angela Davis. E ela vai além. Segundo a intelectual afro-americana, sempre haverá alguém para nos chamar

---

15   Trecho da entrevista concedida à revista *Caros Amigos* em 10 de abril de 1997.

de "macaca/o". Desde tenra idade, os brancos sabem que nenhum outro xingamento fere de maneira tão profunda a nossa alma e a nossa dignidade.

A discriminação racial é uma chaga da humanidade. Em função disso, Davis nos encoraja a concentrar todos os nossos esforços no combate ao racismo institucional.

É o racismo institucional que cria mecanismos para a construção de imagens que nos depreciam e inferiorizam.

É ele que empurra a população negra para a pobreza e para a miséria. Conforme destacou a filósofa Sueli Carneiro, "no Brasil, a pobreza tem cor. A pobreza é negra".[16]

É o racismo institucional que impede a punição dos crimes de racismo.

É ele também que impõe à população negra os maiores índices de analfabetismo e "evasão" escolar.

É o racismo institucional que "autoriza" policiais a alvejar jovens negros com tiros de fuzil em regiões vitais do corpo, como a cabeça, a nuca e o tórax.

É o racismo institucional que faz com que as mulheres negras sejam as maiores vítimas da mortalidade materna.

---

16 Sueli Carneiro. "A construção do outro como não-ser como fundamento do ser". Tese de doutorado. São Paulo: Faculdade de Educação/USP, 2005.

É o racismo institucional que alija os negros dos espaços de poder.

O racismo institucional é o nosso maior inimigo. É contra ele que devemos lutar.

O fato de termos chegado a uma década da aprovação da Lei de Cotas,[17] com um aumento incontestável do número de negros e negras nas instituições federais de ensino superior, é a prova de que estamos no caminho certo.

---

17 Lei n. 12.711/12, aprovada por unanimidade pelo Supremo Tribunal Federal (STF), garante a reserva de 50% das matrículas das instituições de ensino superior e técnico para estudantes de escolas públicas, que são preenchidas por candidatos autodeclarados pretos, pardos e indígenas.

Oprah e Viola:
Uma entrevista de milhões

Encontre pessoas na sua vida que amem você.
E amem você por inteiro, até os seus defeitos.
Viola Davis

Estou sempre à procura de Viola Davis. Sempre. Nenhum outro artista me toca de maneira tão profunda quanto essa atriz afro-americana. As palavras dela me atravessam. Eu me reconheço em muitas passagens de sua história: nas experiências de desamor, em episódios de pobreza, na violência racista sofrida durante a vida escolar, nas pessoas que encontrei e me ajudaram a sonhar grande, a chegar até aqui.

Há pouco mais de um mês, o meu fascínio por Viola aumentou ainda mais, ganhou novas proporções. Na TV, assisti a uma conversa entre ela e a apresentadora Oprah Winfrey.[18] Trata-se de um encontro entre duas das figuras mais importantes e celebradas

---

18   *Oprah e Viola*. Netflix, 2022.

do *show business* mundial, que faz jus ao meme[19] que ganhou as redes sociais: *Oprah e Viola* é uma entrevista "de milhões".

Tendo como ponto central as memórias registradas por Davis em seu livro *Em busca de mim*, lançado em 2022, a atriz negra vencedora do Oscar de melhor atriz coadjuvante pela atuação em *Um limite entre nós* (2017), ao longo do diálogo, partilha sua crise existencial, agravada durante o período de isolamento social durante a pandemia de Covid-19. Viola revela que passou por uma fase de muitos questionamentos em relação à sua carreira e a si mesma, o que a fez olhar "para dentro" de maneira muito intensa: "Qual é o meu propósito?", perguntou-se ela.

Nessa viagem, de posse de passagens que a levaram ao passado e ao seu íntimo, Viola diz que questionou a presença de pessoas à sua volta, o que trouxe a sensação de "ter impostores entre amigos. Pessoas ultrapassando limites. Pessoas achando que eu era mercadoria". Nesse ponto, Viola me acendeu um alerta.

Tenho refletido sobre como muitos de nós, negros, durante a vida, mantemos ao nosso lado, consideramos, chamamos de amigos aqueles que, na verdade, nos humilham, nos desprezam, nos exploram, aprofundam ainda mais o sentimento de menos-valia motivado pelo racismo. Como se não bastasse, em grande medida, nutrimos um sentimento de gratidão por essas pessoas, sentimos

---

19   Memes são imagens, vídeos e áudios que viralizam na internet. Em geral, são utilizados para fazer piadas sobre determinado assunto ou comportamento.

culpa quando decidimos nos afastar delas – comportamento explicado pelo psiquiatra martinicano Frantz Fanon.[20]

Fanon aponta que a dominação dos brancos sobre os negros requer também a dominação psíquica, que faz com que em nossa mente as atitudes daqueles que nos oprimem não sejam vistas como atos de exploração e subjugação. A reflexão de Viola não poderia ter vindo em melhor hora. Não posso mais aceitar impostores em meu caminho. Assim como Viola, "estou criando a vida que eu realmente quero".

Davis fica emocionada – e nos emociona também – ao falar da infância, da menina que fez xixi na cama até os 14 anos de idade, que levou uma vida de "pobreza abjeta", que cresceu em um lar marcado pela fome, pela violência, tomado por ratos que roeram até sua boneca preferida. A atriz traz à tona a menina traumatizada, perseguida, apedrejada, alvo do racismo na escola. Mais uma vez, me vi em suas palavras. Assim como ela, assim como milhares de crianças negras deste país, também fui excluída, discriminada durante minha trajetória escolar.

Impressionada com o percurso da atriz, Oprah pontua, questiona: "Que vida incrível você construiu. Como você usou a força, como usou o poder que eu nem sei de onde você tirou?!". Como resposta, Davis explica a importância do sonho, do desejo de se tornar artista ainda na adolescência: "Eu precisava de um sonho como eu precisava de água, de comida. Aquele sonho não era só um objetivo. Aquele sonho era a minha saída. Era a minha salvação".

---

20 Frantz Fanon. *Pele negra, máscaras brancas*. Salvador: Edufba, 2008, p. 28.

Nesse ponto da entrevista, não me deparei com a Luana menina, mas com a professora Luana Tolentino. Tenho defendido a necessidade de dar espaço ao sonho em sala de aula, da mesma maneira que damos a disciplinas como Português, Matemática, Ciências, Geografia, História e tantos outros conteúdos. Defendo que, muitas vezes, precisamos ensinar os estudantes a sonhar, apontar caminhos, ampliar horizontes, de modo que se sintam motivados a ir em busca de seus objetivos, apesar das barreiras sociais construídas propositalmente para que não alcancem aquilo que almejam.

Viola fala ainda da relação com o pai, um homem violento, mas revela que no final da vida dele conseguiu perdoá-lo, a partir do entendimento de que ele "fez o melhor que podia com as ferramentas que tinha". Viola Davis fala do perdão, mas não do ponto de vista cristão. Dessa perspectiva, somos ensinados que é preciso perdoar para que possamos escapar de um possível castigo, de uma suposta condenação. Viola vai na direção contrária. Ela traz o perdão como algo que nos faz "seguir em frente, seguir em paz".

Ouvir Viola Davis é sempre uma oportunidade de aprendizado, um mergulho em nossas regiões mais profundas, em dimensões que muitas vezes temos dificuldade de acessar. Ouvir Viola Davis é sempre uma aula sobre resiliência, sobre os impactos do racismo na vida das pessoas, sobre a importância de ter oportunidades, de contar com autênticos mentores que nos ajudem a chegar a lugares fisicamente distantes, mas existentes em nossos sonhos.

Sem sombra de dúvidas, *Oprah e Viola* é uma entrevista "de milhões".

Em tempo: em 2015, ao se tornar a primeira negra a receber o Emmy de melhor atriz, Davis afirmou que "a única coisa que separa as mulheres negras de qualquer outra pessoa é a oportunidade". Pensando nisso, quando teremos uma Oprah Winfrey no Brasil, país em que 56% da população é formada por negros e pardos? Aguardo respostas dos diretores de programas de televisão.

Carta para Titi Gagliasso

Belo Horizonte, 6 de abril de 2020.

Querida Titi,

Que alegria lhe escrever! Sei que o mundo das letras, das palavras, está cada dia mais vivo dentro de você. Ainda assim, é bem provável que você não compreenda tudo o que registrarei aqui. Não faz mal. Torço para que um dia você possa ler a minha carta, escrita com tanto carinho. Não se preocupe. Não há pressa.

Acompanho seu pai e sua mãe nas redes sociais. Sou muito grata pelas contribuições que eles têm dado para o combate ao racismo no Brasil. É muito bom perceber que eles entenderam que a luta contra esse mal não deve ser somente de nós, negras e negros. Melhor ainda é pensar em quantas pessoas eles têm influenciado por meio de suas falas e ações.

Fico sempre na torcida para que eles postem uma foto, um vídeo seu. Que menina bonita e esperta você é! Além disso, sempre que a vejo, meu coração se enche de esperança de que você e o Bless, seu irmão, cresçam em um mundo bem diferente do que eu cresci.

Sempre fui muito estudiosa, mas isso não foi suficiente para me eximir de uma trajetória escolar permeada por experiências muito duras. Em razão da cor da minha pele, quando eu tinha a sua idade, por diversas vezes meus colegas não me chamaram para brincar. O mesmo ocorria durante a partilha do lanche, na hora de fazer os trabalhos. Sempre havia alguém para dizer não ao meu desejo de trocar sucos, pães e biscoitos, como também para negar a possibilidade de sentar ao meu lado, de ser meu par nas festas, de dividir as tarefas. Em muitas ocasiões, a escola se apresentou como um espaço no qual me senti só. Infelizmente, esse sentimento é muito comum entre as crianças negras do Brasil.

Por ter nascido com a pele escura, na maior parte do tempo, fui colocada nas últimas carteiras, ao fundo da sala de aula. Ao abrir os livros, encontrava pessoas parecidas comigo somente na condição de escravizados. O mesmo ocorria na televisão. Passei a infância inteira sem ver um único programa protagonizado por pessoas da minha cor. Acho até que as apresentadoras dos anos de 1980 e 1990 devem um pedido de desculpas pelos danos causados à autoestima das meninas negras da minha geração.

A soma de tudo isso faz com que eu me engaje na luta contra o racismo, sobretudo, na educação. Todos os anos, levo para sala de aula um pouco da África, continente em que você nasceu. Quando peço aos meus alunos que relatem o que sabem sobre a região considerada o berço da humanidade, eles sempre têm na ponta da língua "pobreza", "fome", "miséria" e "doenças". Eles não falam por mal.

Mesmo o Brasil tendo uma ligação muito forte com a cultura e a história africanas, em nossas escolas e universidades estudamos muito pouco sobre essas questões. Para tentar mudar essa situação, que limita nossa capacidade de conhecer a pluralidade da vida e do mundo, ensino a eles que, de fato, existem muitas dificuldades e injustiças na África, resultantes da devastação provocada pelo colonialismo europeu, mas mostro também que os africanos foram responsáveis pelo surgimento da medicina, da astronomia, da arquitetura, da matemática e de tantas outras invenções fundamentais para a existência e a evolução da humanidade.

Ensino tudo isso para que eles sintam orgulho da pertença racial, da nossa ancestralidade e da importância dos negros na construção do nosso país. Há alguns anos, meus alunos puderam trocar cartas com estudantes de Moçambique, país que fica ao Norte do Malawi, sua terra natal. Foi uma experiência bonita e emocionante para todos nós.

Muito em breve, você vai descobrir que muita gente importante nasceu na África. Lá é o berço de Nelson e Winnie

Mandela, Graça Machel, Wole Soyinka, Chimamanda Ngozi Adichie e Kabengele Munanga, pesquisador congolês que vive no Brasil há mais de 40 anos. Se você o conhecesse, certamente o chamaria de vovô. Ele nos ensina que a luta antirracista beneficia também as crianças brancas, pois elas têm "as estruturas psíquicas afetadas pelo racismo".[21] Na África nasceu você, que mesmo ainda tão pequena, ilumina a vida de tanta gente.

Outro dia vi uma sequência de fotos em que, diante do espelho, você comemorava o crescimento do seu cabelo. Fiquei emocionada. Vi a menina Luana em você. Vi tantas crianças negras. Aos 6 anos de idade, eu não gostava do meu cabelo, pois ele era chamado de "bombril", "palha de aço", "arame farpado", e tantos outros apelidos que me feriam profundamente.

Cresci odiando o meu cabelo. Esse ódio ficou para trás. Meu cabelo é igual ao seu e, assim como você, agora também o amo. Seu cabelo é lindo, Titi! Você é linda! Jamais se esqueça disso.

Titi, querida, desejo que você tenha bons amigos. Desejo que estude em uma escola que acolha você e o Bless com empatia e generosidade, que respeite, reconheça e valorize a diversidade étnico-racial existente em nosso país. Uma escola que não silencie diante dos casos de racismo.

---

21 Kabengele Munanga. "Apresentação". *In*: Kabengele Munanga (org.). *Superando o racismo na escola*. Brasília: MEC, Secad, 2005, p. 16.

Como eu disse nas primeiras linhas desta carta, desejo que você cresça em um Brasil diferente do que eu conheci até aqui. Todos os dias luto para que isso seja possível.

Encerro essa mensagem com as mesmas palavras que Nelson Mandela costumava usar no final das cartas escritas para sua companheira Winnie:

"Um milhão de beijos e toneladas e toneladas de amor".

Luana Tolentino

"Este é o meu maior sonho: Ser advogada para tirar o meu pai da cadeia"

Em um mundo cada vez mais digital, ainda cultivo o hábito de guardar papéis. Não se trata de qualquer tipo de papel. Guardo cartas, bilhetes e atividades dos estudantes com os quais convivo desde 2008 como se fossem verdadeiros tesouros.

Recentemente, aproveitei um dia de folga para me alimentar das recordações dos meus alunos e alunas. Encontrei o bilhete do Samuel, que escreveu: "Nunca deixe de lutar!". Nessa viagem ao passado, eu me deparei com os dizeres da Ana: "Professora Luana, eu gosto muito do seu jeito feminista". Fiquei comovida com as palavras da Alessandra, que foi minha aluna na EJA (Educação de Jovens e Adultos): "Que Deus continue protegendo e abençoando a sua vida".

Eu me emocionei como na primeira vez que li a mensagem do Lucas, anos após o nosso convívio, já como estudante universitário: "Lembro que na época você nos passou uma atividade na qual deveríamos fazer uma redação sobre as cotas para os negros. Não me lembro das palavras exatas, mas lembro que, por ignorância e preconceitos enraizados, escrevi contra as cotas. Hoje enxergo como é necessária a existência de cotas raciais em universidades e o que isso representa. Diante disso, queria te pedir perdão por todas as outras atitudes escrotas que tive com você, que no fundo representavam um preconceito velado".

Dentro do meu "cofre", encontrei também uma atividade feita pela Larissa, que na época tinha 12 anos. Ao ser questionada sobre os seus sonhos, ela respondeu: "O meu maior desejo é me tornar uma advogada. Desde pequena, quando meu pai foi preso, eu sonho com isso. Quando meu pai saiu da cadeia, eu fiquei muito feliz, mas ele só ficou dois anos na rua. Então este é o meu maior sonho, ser advogada para tirar o meu pai da cadeia. Sei que vou ter que estudar muito, mas tenho certeza de que vou conseguir".

Ao me deparar com sonhos como o da Larissa, encontro argumentos contundentes para rebater o discurso da meritocracia. Não há justiça quando a maioria precisa enfrentar toda ordem de dificuldades para galgar melhores condições de vida, ao passo que uma minoria detém privilégios e oportunidades. Além de perverso, uma vez que deposita nas classes pobres a culpa pela precarização de sua vida, tal discurso tem servido para justificar a negação de direitos e também para criminalizar a pobreza e a miséria. Trabalho para que essa visão deturpada da realidade não contamine meus alunos. Busco diálogo e reflexão cada vez que a falácia da meritocracia aparece nas reuniões pedagógicas e nos cursos de formação de professores que tenho ministrado.

Quando propus o exercício feito pela Larissa, tinha como objetivo trazer para a sala de aula um dos elementos primordiais da existência humana: o ato de sonhar. Além disso, enxerguei nele uma oportunidade de estabelecer uma relação pautada na escuta e no *re*-conhecimento de cada ser presente em minha turma. A partir da leitura das respostas, pude apontar caminhos e mostrar que, apesar das adversidades, sonhar é um direito. Lembro das palavras do Marcelo, meu ex-aluno: "A pobreza não pode tirar da gente o direito de sonhar".[22]

Sou mulher, negra, filha da classe trabalhadora e, assim como o poeta Fernando Pessoa, "tenho em mim todos os sonhos do mundo". A soma desses fatores redunda na professora que consigo ser. Com os estudantes não é diferente. Ainda que muitos digam que "não querem nada", todos carregam sonhos, vivências e desafios, que, em muitas ocasiões, conforme elucidam as palavras da Larissa, apresentam-se de maneira muito dura e cruel, já nos primeiros anos de vida.

Quando falo dos meus sonhos e questiono meus alunos a respeito dos deles, crio caminhos para o estabelecimento de um ambiente pautado em relações mais harmônicas e afetuosas. Conforme escrevi em outra oportunidade, busco desenvolver estratégias para a humanização da prática docente. Busco abrir espaço para a importância do saber, da educação como ferramenta importante para a realização dos sonhos. No meu entendimento, tudo isso favorece o êxito escolar.

Entendo que os anseios, as memórias e as travessias realizadas pelos educandos e educandas têm tanta relevância quanto as avaliações internas e externas, a frequência escolar, as notas.

---

22   Luana Tolentino. *Outra educação é possível: Feminismo, antirracismo e inclusão em sala de aula.* Belo Horizonte: Mazza, 2018, p. 112.

Miguel Arroyo, professor emérito da Faculdade de Educação da UFMG, explica que "quando as infâncias-adolescências com que trabalhamos põem de manifesto sua condição tão precarizada não dá mais para preparar a aula, ou passar a matéria sem nos indagar acerca de suas vivências, traumas, medos, que levam como gente, não só escolares. O que as turmas trazem para a sala de aula, como vivem e se socializam, pensam o mundo, se pensam, condiciona o que pensam e aprendem, aceitam ou rejeitam nossas lições".[23]

Sendo assim, ressignificar os currículos de modo que haja espaço para o sonho, para o desejo, para as descobertas, para as asperezas do cotidiano, para as lutas em defesa da democracia e de condições dignas de trabalho para os professores, para as minorias ainda silenciadas, permanece sendo um dos nossos maiores desafios. Sobretudo em um momento em que somos pressionados diariamente a seguir cartilhas prontas e a ministrar somente os conteúdos dos livros didáticos.

Oito anos se passaram desde a última vez em que vi a Larissa. No final de 2015, ela se mudou com a família para outro bairro. Em razão da distância, não pôde continuar frequentando a escola na qual eu lecionava. Caso não tenha havido nenhuma interrupção em sua trajetória escolar, pelas minhas contas, ela deve estar matriculada no 3º ano do ensino médio. Se tornar-se advogada ainda for o seu maior sonho, talvez ela faça o Enem no fim deste ano.

Torço para que a Larissa tire boas notas e encontre uma universidade pública com as portas abertas e cheia de possibilidades. Torço

---

23   Miguel Arroyo. *Currículo, território em disputa*. Petrópolis: Vozes, 2017, p. 28.

ainda para que a materialização de seu sonho não tenha como único objetivo tirar o pai da cadeia.

A escola expulsa os meninos negros e os empurra para as prisões

Assim que publicado, comprei *Interseccionalidade*, livro da socióloga afro-americana Patricia Hill Collins, em parceria com a professora Sirma Birge. Apesar da ânsia de tê-lo em minha estante, o correr dos dias e o acúmulo de trabalho fizeram com que eu pudesse lê-lo somente meses depois.

Como estudiosa das relações de gênero e dos feminismos, os desafios enfrentados pelas intelectuais afrodescendentes na universidade são o tema que mais me chama a atenção na obra de Collins, uma vez que trajetórias de acadêmicas negras estão presentes em minhas pesquisas há certo tempo.

Ao folhear o livro, foi com surpresa que encontrei um artigo dedicado à educação, área que me move, encanta, fascina e à qual pretendo me dedicar até o fim da vida. No capítulo intitulado "Interseccionalidade e pensamento crítico", as autoras ressaltam a importância da obra do educador Paulo Freire e chamam a atenção para questões contemporâneas, como o avanço da agenda neoliberal sobre os sistemas de ensino, em que as escolas são pensadas exclusivamente para "produzir trabalhadoras e trabalhadores com competências comercializáveis".[24]

Em relação à incidência do racismo nos espaços de saber, Collins e Birge afirmam de maneira contundente: "No ensino fundamental, meninos negros são alvo de práticas disciplinares mais severas que outros estudantes (...). Eles são expulsos do ensino médio e apresentam uma taxa de abandono escolar desproporcional. Eles acabam desproporcionalmente na prisão, alimentando o crescimento da indústria do encarceramento".[25]

O exposto diz respeito ao contexto estadunidense, mas, infelizmente, cabe à realidade brasileira. É o que pesquisas nacionais nos dizem. Embora, desde 2003, tenhamos uma legislação de educação antirracista, os episódios de racismo nas instituições de ensino, a violência física e simbólica, as desigualdades educacionais decorrentes da discriminação racial ainda são uma constante nas escolas de todo o país.

Em 2019, um estudo realizado pela Fundação Tide Setúbal[26] sobre avaliação escolar apontou que, entre os estudantes matriculados em turmas do 5º ano de escolas municipais da cidade de São Paulo, as notas mais baixas na disciplina de Língua Portuguesa foram de meninos negros.

---

24 Patricia Hill Collins e Sirma Bilge. *Interseccionalidade*. São Paulo: Boitempo, 2021, p. 222.

25 *Ibidem*, p. 229.

26 Érica Fraga. "Desigualdade racial transparece em notas de meninos negros, mostra pesquisa". *Folha de S.Paulo*, 2 nov. 2019. [Disponível na internet: https://www1.folha.uol.com.br/educacao/2019/11/desigualdade-racial-transparece-em-notas-de-meninos-negros-mostra-pesquisa.shtml, acesso em 19/8/2022.]

Também em 2019, um levantamento do Instituto Brasileiro de Geografia e Estatística (IBGE)[27] revelou que dez milhões de jovens com idade entre 14 e 29 anos não concluíram a educação básica. Desse total, 71,7% eram negros, número que tende a piorar em razão da falta de políticas públicas destinadas a enfrentar as disparidades sociais, agravadas pela pandemia. A esse respeito, pesquisas dão conta de que, ao longo do período em que o ensino presencial deu lugar ao remoto, estudantes negros foram os que encontraram maiores dificuldades para acessar a internet e os recursos tecnológicos, como também lideraram as estatísticas relativas ao "abandono" escolar.

Tais números, somados às reflexões de Patricia Hill Collins e Sirma Bilge, refletem o que ativistas do Movimento Negro têm denunciado há décadas: os processos de exclusão, de estigmatização, vivenciados pelos meninos pretos desde os primeiros anos da vida escolar retiram dos jovens negros direitos e oportunidades, como também contribuem para a presença maciça desse grupo social nas prisões brasileiras. De acordo com o Levantamento Nacional de Informações Penitenciárias (Infopen),[28] somente no Distrito Federal, 83,8% da população encarcerada é formada por pretos e pardos.

---

27   Isabela Palhares. "Negros são 71,7% dos jovens que abandonam a escola no Brasil". *Folha de S.Paulo*, 15 jul. 2020. [Disponível na internet: https://www1.folha.uol.com.br/educacao/2020/06/negros-sao-717-dos-jovens-que-abandonam-a-escola-no-brasil.shtml, acesso em 2/2/2023.]

28   Alan Rios. "Pretos e pardos representam 83% dos presos no Complexo da Papuda". *Correio Brasiliense*, 6 nov. 2020. [Disponível na internet: https://www.correiobraziliense.com.br/cidades-df/2020/11/4887004-pretos-e-pardos-representam-83--dos-presos-no-complexo-da-papuda.html, acesso em 6/10/2022.]

Como se pode perceber, além de terem sua humanidade negada, dos meninos negros têm sido roubadas perspectivas de futuro. A reversão desse quadro bárbaro, aterrorizante e inaceitável requer a mobilização e o engajamento de toda a sociedade, sendo os profissionais da educação parte importantíssima desse processo.

Se nada for feito, a escola continuará sendo um espaço que expulsa os meninos negros e os empurra para as cadeias espalhadas pelo Brasil.

Carta para João Pedro

Belo Horizonte, 19 de maio de 2020.

Querido João Pedro,[29]

Lamento escrever nessas circunstâncias. Não era esta carta que eu gostaria de enviar para você.

De sonhar, eu entendo bem. Quando tinha sua idade, sonhava em ser professora, escrever e dar palestras. Com muita dificuldade, consegui alcançar todos os meus sonhos. E me sinto realizada. Desse modo, queria ter a oportunidade de escrever uma carta o parabenizando por suas conquistas.

---

29 João Pedro Matos Pinto foi morto no dia 18 de maio de 2020, durante uma operação policial no bairro do Complexo do Salgueiro, em São Gonçalo, na Baixada Fluminense. Enquanto brincava no quintal, foi alvejado por um dos 72 tiros de fuzil que policiais dispararam contra sua residência, conforme consta na investigação realizada de maneira conjunta pelo Ministério Público do Rio de Janeiro e pelo Ministério Público Federal. Os policiais civis acusados pelo crime de homicídio qualificado respondem às acusações em liberdade. Em dezembro de 2022, o caso ainda não havia sido concluído.

Fico pensando quais eram os seus sonhos. Ser engenheiro, jogador de futebol, professor, arquiteto, músico, *youtuber*? Em entrevista, seu pai disse que você teria um futuro brilhante pela frente. Não tenho dúvidas disso.

Infelizmente, tudo ficou pelo caminho. Na noite de ontem, dando continuidade à política de extermínio, policiais mataram seus sonhos, destruíram sua família. Roubaram um talento do nosso país. Perdemos todos.

Assim tem sido com os jovens que cometem o "crime" de nascer preto e pobre. Em corpos como o seu, as "balas perdidas" encontram alvo certo. Nos "confrontos", os tiros sempre atingem a nuca, a cabeça e as costas de quem morre. A isso damos o nome de execução, genocídio, necropolítica. Embora tenha procurado, ainda não encontrei nenhuma declaração por parte daqueles que deveriam garantir sua vida e todos os seus direitos, como os de viver e ser feliz. É bem provável que algum político envie à imprensa uma nota dizendo que "as ações dos policiais serão apuradas". Ainda na nota, prestará "condolências" à sua família, o que aumenta ainda mais a minha indignação.

Penso na sua mãe. Imagino a dor dela. Só posso imaginar... A minha mãe sempre diz que, quando uma mulher perde um filho, parte dela se vai também. Hoje ela se junta a milhares de mães negras que choram a morte dos filhos assassinados pela polícia. A maioria segue sem respostas, sem qualquer indenização por parte do Estado. As pessoas não sabem, não fazem ideia do que significa ser negro no Brasil.

Outro dia foi Ágatha Félix,[30] ontem foi você. Quem será o próximo? Enquanto escrevo esta carta, quantos já não terão morrido? Quantos sonhos foram interrompidos? A cada 23 minutos, um jovem negro é assassinado neste país.

Eu sinto muito, João. Não sei mais o que dizer. Te abraço.

Com carinho e alguma esperança de justiça,

Luana Tolentino

---

30 Ágatha Vitória Sales Félix foi morta aos 8 anos com um tiro de fuzil, em setembro de 2019, no Complexo do Alemão, na zona norte do Rio de Janeiro. O inquérito da Polícia Civil concluiu que o tiro que matou Ágatha partiu da arma do policial militar Rodrigo José de Matos Soares. Em dezembro de 2022, o caso ainda não havia sido concluído.

Carta para Felipe Santa Cruz

Belo Horizonte, 8 de junho de 2020.

Prezado Felipe Santa Cruz,

Espero que esteja bem e com saúde, apesar dos dias de tormenta que vivemos.

Acompanho com muita admiração seus posicionamentos e ações em defesa da nossa frágil democracia, mas não é isso que move a escrita desta carta.

Escrevo ainda consternada pela morte do menino Miguel,[31] na terça-feira, 2 de junho, em um prédio de luxo da capital pernambucana. Confesso que, no primeiro momento, optei pelo silêncio. Não por omissão. Longe disso. Emu-

---

31 Em dezembro de 2022, o caso ainda não havia sido concluído.

deci, pois não encontrei palavras que dessem conta de um ato tão brutal, de total desprezo pela vida humana.

Há dias penso o que a Mirtes, mãe do Miguel, sentiu ao se deparar com o corpo do filho após cair do nono andar. Penso no que sentiu ao enterrar o filho de apenas 5 anos. Sempre ouvi dizer que não há dor maior no mundo.

Sou filha, neta, sobrinha e prima de trabalhadoras domésticas, tanto por parte de pai, quanto de mãe. Sou eu mesma uma ex-trabalhadora doméstica, profissão que mais do que qualquer outra carrega o nosso passado escravocrata. Posso contar com riqueza de detalhes o tratamento humilhante e vexatório que muitas vezes experimentamos ao sermos contratadas para cuidar de crianças, cozinhar e lavar privadas.

Ao contrário do Miguel, não acompanhei minha mãe no trabalho quando criança, somente na adolescência. Desse modo, conseguíamos faxinar duas casas em um único dia e, com isso, ganhar um pouco mais de dinheiro para levar comida até a nossa mesa. Enquanto eu limpava janelas sob o risco de despencar do terceiro ou quarto andar, minha mãe esfregava roupas íntimas sujas de sangue menstrual da patroa, em um claro exemplo do que a historiadora Luciana Brito chamou de "delírios escravistas coloniais da sociedade brasileira".[32]

32 Camilla Costa. "Caso Miguel: Morte de menino no Recife mostra 'como supremacia branca funciona no Brasil', diz historiadora". *BBC News Brasil*, 5 jun. 2020. [Disponível na internet: https://www.bbc.com/portuguese/brasil-52932110, acesso em 16/10/2022.]

Mirtes e Miguel foram vítimas desse delírio. Mirtes deveria estar em casa, cumprindo a quarentena, amparada pelas leis trabalhistas, uma vez que o trabalho doméstico não é serviço essencial. Mirtes deveria estar em casa cuidando, brincando com o Miguel. Mirtes deveria estar em casa ofertando a ele o mesmo carinho que certamente ofertava aos filhos de Sari Corte Real, sua patroa e "primeira-dama" da cidade de Tamandaré.

Mas não. Mirtes estava trabalhando. Levara o cachorro de Sari para defecar. Questiono: seria essa uma atribuição a ser dada às trabalhadoras domésticas? Não. Trata-se somente de uma ação movida pelo "saudosismo do Brasil escravocrata colonial". Aqui, recorro mais uma vez às palavras de Luciana Brito, professora da Universidade Federal do Recôncavo da Bahia (UFRB).

Tomada pela sanha escravocrata, ao ver Miguel clamando pela mãe, Sari colocou o menino no elevador, empurrando-o para a morte. Sari queria se ver livre de Miguel. A cena me fez lembrar de famílias que, para se livrar de cães e gatos, os colocam no porta-malas e, em seguida, os soltam à beira das estradas, certos de que os bichos sucumbirão à fome ou a atropelamentos. Miguel sucumbiu à queda de 35 metros de altura.

Em meio ao desespero, Mirtes afirmou: "Se fosse eu, já estaria presa. Meu rosto estaria estampado, como já vi vários na televisão". Ela tem razão. Presa em flagrante, Sari pagou fiança de 20 mil reais e responderá ao crime em

81

liberdade. Mirtes é negra. Sari é branca. Mirtes é pobre. Sari é rica. Como jurista, o senhor bem sabe: crimes que vitimam pessoas de pele escura raramente são punidos.

Pergunto: O senhor tem conhecimento de alguém que esteja cumprindo pena pelo crime de racismo? Onde está o segurança do supermercado que asfixiou e matou um jovem negro em fevereiro de 2019, tal qual ocorreu com George Floyd[33] nos Estados Unidos? Onde estão os soldados do Exército que dispararam mais de oitenta tiros contra o carro do músico Evaldo Rosa, levando-o à morte? Onde estão os policiais que mataram e arrastaram Cláudia Silva Ferreira pelas ruas do Rio?[34] Quem mandou matar Marielle? É justamente por temer a perpetuação dessa impunidade que resolvi lhe escrever.

Peço que na condição de pai, cidadão e presidente da Ordem dos Advogados do Brasil (OAB), o senhor atue para que esse crime que dilacerou a família da Mirtes, e chocou a todos

---

33 No dia 25 de maio de 2020, George Perry Floyd Jr. foi estrangulado e morto pelo policial branco Derek Chauvin, que ajoelhou em seu pescoço durante uma abordagem em Mineápolis, Estados Unidos. Dada a brutalidade das imagens, o caso ganhou repercussão no mundo todo, dando origem a protestos sob o lema "Vidas negras importam". Em junho de 2021, Derek Chauvin foi julgado e condenado a 22 anos de prisão.

34 Na manhã de 16 de março de 2014, Cláudia Silva Ferreira, 38 anos, foi baleada com dois tiros durante uma operação da Polícia Militar no Morro da Congonha, na zona norte do Rio de Janeiro. Sob a alegação de que levariam Cláudia a um hospital, três policiais colocaram-na no camburão de uma viatura. Durante o trajeto, a porta traseira se abriu e o corpo de Cláudia caiu para fora do camburão. Preso pela roupa, foi arrastado por cerca de 350 metros na estrada Intendente Magalhães. A cena chocou o país, originando centenas de protestos, sobretudo por parte de ativistas do Movimento Negro. Trabalhadora doméstica, Cláudia Silva Ferreira deixou quatro filhos. Em 2020, os policiais acusados pelo crime ainda não haviam sido julgados.

nós, não seja mais um a ficar impune. Sari Corte Real age como se o que aconteceu não lhe dissesse respeito.

Nos últimos dias, por meio das redes sociais, assim como milhares de brancos, o senhor declarou ser partidário da luta antirracista. Afirmo que essas ações são importantes, mas insuficientes. É preciso fazer uso do lugar de privilégio e de poder que vocês ocupam para colocar em prática medidas capazes de mudar esse regime de *apartheid*, que rouba de nós, negros, a condição de cidadãos de fato e de direito.

Atue ao lado da advogada Maria José Amaral, designada pela OAB para acompanhar o caso. Além de auxílio jurídico, provavelmente, Mirtes e a família precisarão de assistência psicológica. Se possível, realize uma audiência pública com a presença de ativistas do Movimento Negro para debater a urgência de ações de combate ao racismo e à violência motivada pela cor da pele.

Antes de responder à minha carta, de ver a possibilidade de atender ao meu pedido, peço encarecidamente que o senhor tente se colocar no lugar da Mirtes, ainda que isso seja impossível. Tente imaginar o que ela sente ao ter de lidar com o vazio, com o silêncio, com a ausência do Miguel.

Peço ainda que se lembre: enquanto a humilhação, o desprezo, a pobreza, a miséria, a violência e a falta de acesso à Justiça forem uma constante na nossa vida, não haverá democracia.

Não haverá democracia enquanto continuarem matando a nós, negros, como se fôssemos baratas, conforme pontuou Martin Luther King Jr.

Deixo um abraço com fé e esperança.

Luana Tolentino

O assassinato de Emily e Rebecca sob a óptica dos Racionais MC's

Vez por outra, questiono o fato de dedicar minha escrita para narrar o luto, a dor vivenciada diariamente pela população negra. No entanto, a violência racista presente no DNA da sociedade brasileira muitas vezes não me dá outra opção.

Na coluna que mantenho em uma revista de grande circulação, em maio de 2020, escrevi sobre a morte de João Pedro, baleado com um tiro de fuzil enquanto brincava em casa com os primos, em um bairro de São Gonçalo, no Rio de Janeiro. Menos de um mês depois, registrei a morte do menino Miguel, que, sob os cuidados da patroa da mãe, despencou de uma altura de 35 metros. Imaginar a dor de Mirtes ao se deparar com o corpo do filho me deixou emudecida. Foi uma escrita extremamente difícil, dolorosa.

Seis meses depois da morte de Miguel, me vi diante das notícias do assassinato das primas Emily e Rebecca, de 4 e 7 anos, atingidas por um tiro de fuzil enquanto brincavam na porta de casa, em uma comunidade de Duque de Caxias, na Baixada Fluminense. O tiro atingiu a cabeça de Emily, o coração de Rebecca e destroçou duas famílias. Há suspeitas de que os disparos tenham partido de uma viatura da Polícia Militar.

Emily e Rebecca se juntaram a oito crianças que foram baleadas e mortas no Rio de Janeiro em 2020. Segundo a Plataforma Fogo Cruzado, todas eram negras e moradoras de favelas da região metropolitana da capital fluminense.[35] Diante de mais esse episódio da política de extermínio há muito adotada pelo Estado brasileiro, sinto um misto de tristeza, impotência e revolta. Causa-me indignação a conivência de diversos setores da sociedade diante da naturalização da barbárie, dentre eles, a imprensa. Quando os órgãos de comunicação afirmam que as mortes decorreram de "balas perdidas", estão contribuindo para o entendimento por parte da população de que são fruto do acaso. Como podem ser "perdidas" as balas que têm como alvo certo a cabeça, a nuca, as costas, o coração e o tórax de pretos e pobres?

Não há palavras que deem conta do que aconteceu momentos antes de um esperado passeio em família. Não há palavras que deem conta do que ocorreu dias antes de Emily completar seu quinto ano de vida. Na falta de o que dizer, recorro aos versos dos Racionais MC's, grupo de *rap* capaz de elucidar, como poucos, a violência racista que estrutura o Brasil.

Ao narrar o episódio, a avó de Emily e Rebecca relatou que estava chegando do trabalho quando ouviu os disparos. Já em frente

---

35 Cecília Oliveira. "100 crianças baleadas em cinco anos de guerra contra a infância no Rio de Janeiro". *El País Brasil*, 28 abr. 2021. [Disponível na internet: https://brasil.elpais.com/brasil/2021-04-29/100-criancas-baleadas-em-cinco-anos-de-guerra-contra-a-infancia-no-rio-de-janeiro.html, acesso em 19/11/2022.]

de casa, deparou-se com o corpo de Emily sem vida. No quintal, estava Rebecca, ainda respirando. Ela conta que, na tentativa de salvar a neta, correu para o hospital. A cena pode ser vista na letra de "Fórmula mágica da paz", clássico do grupo do Capão Redondo: "Sangue e agonia pelo corredor / El[a] está viv[a]? / Pelo amor de Deus, doutor... / Lá fora, revolta e dor / Lá dentro estado desesperador".

Não deu tempo de salvar a menina que ansiava pelo início da vida escolar. No velório, crianças enlutadas assistiram a tudo. Pergunto: alguém já parou para pensar o que significa para aqueles meninos e meninas crescerem em meio a tanta violência? "Nossa raça está morrendo mais cedo / Não me diga que está tudo bem", está registrado em "Periferia é periferia", *rap* do álbum *Sobrevivendo no inferno*.

Entre os adultos, choros moucos, gritos de dor e desespero. A maioria tem a pele bem escura. Mais uma vez, rememoro as letras cortantes de Mano Brown e sua turma: "Durante uma meia hora olhei um por um / E o que todas as senhoras tinham em comum / A roupa humilde, a pele escura / O rosto abatido pela vida dura / Colocando flores sobre a sepultura".

Atordoado, o pai de Emily e tio de Rebecca usou as mãos para tapar as sepulturas das meninas. Pelas imagens, é possível perceber que parte dele também morreu naquele momento. Talvez ele saiba que não há muito o que fazer. Mais do que saber, ele sente, vive imerso em um cotidiano de impunidade, do qual suas meninas foram vítimas. De acordo com o Conselho Nacional de Justiça, apenas 5% dos casos de homicídios são elucidados. Mais uma vez, os Racionais não poderiam ser mais certeiros: "Aqui vale muito pouco a sua vida / Nossa lei é falha, violenta e suicida".

Matar gente preta tem sido uma escolha muito bem pensada e articulada neste país. E isso só terá fim quando houver uma mudança radical das estruturas de poder e na maneira como a população negra é vista pela sociedade. No Brasil, "recebe o mérito a farda que pratica o mal / Ver um pobre preso ou morto já é cultural", diriam os Racionais.

Quando um negro morre de "bala perdida", parte de uma mãe negra morre também

> *Oh, pedaço de mim*
> *Oh, metade afastada de mim*
> *Leva o teu olhar*
> *Que a saudade é o pior tormento*
> *É pior do que o esquecimento*
> *É pior do que se entrevar...*[36]
> Chico Buarque

Por meio da escrita, há alguns anos tenho registrado minha tristeza, minha indignação em relação à política genocida que extermina pretos, pobres e favelados neste país. Não é tarefa fácil. É difícil, doloroso, escrever sobre o desumano, sobre o absurdo, sobre a barbárie, sobre a morte da minha gente. O racismo rouba de nós, negros, até o direito de falar amenidades.

---

36 Trecho da canção "Pedaço de mim", de Chico Buarque de Hollanda.

Mais uma vez, vejo-me às voltas com um texto a respeito do projeto de nação que tem como objetivo negar aos negros o direito ao bem viver. Em junho de 2021, Kathlen de Oliveira Romeu foi baleada enquanto passeava com a avó pelas ruas da comunidade Lins de Vasconcelos, na zona norte do Rio. Policiais disseram que houve troca de tiros com criminosos, mas testemunhas afirmam que no momento do disparo não havia confronto. Kathlen, que era designer de interiores e modelo, estava grávida de quatro meses. Uma bala ceifou sua carreira, seus sonhos, seu direito de dar à luz um filho.

Quando vem a público a notícia de que uma negra ou negro se tornou mais uma vítima da política de caça aos pretos que impera no país, penso sempre nas mães. Na dor das mães negras. Penso nessas mulheres que educam seus filhos e filhas para viver de acordo com as regras ditadas pela sociedade racista. Quando se trata de meninos, orientam em relação ao corte do cabelo, às roupas, às amizades. Lembram do documento de identidade e da carteira de trabalho que devem estar sempre no bolso. Elas sabem que a cor da pele coloca seus filhos em estado de suspeição permanente. Sabem também que qualquer deslize pode ser fatal, que para os negros não há perdão.

São mulheres que passam a vida assombradas pela violência policial que pode matar seus filhos, conforme escreveu brilhantemente a antropóloga mineira Lélia Gonzalez: "Ser mãe negra numa sociedade como a nossa, desde a época da escravidão, é ver o filho – o filho, o companheiro, o irmão, seja lá quem for – sair para o trabalho, para a escola e não saber se ele volta (...). Nós, mães negras, vivemos experiências muito duras, muito terríveis, que um companheiro do Movimento Negro de Minas Gerais chamou de terror cotidiano. Enfim, não existe uma mulher negra que não tenha vivenciado, com um dos membros masculinos que faça parte da sua convivência, essa experiência de violência policial".[37]

Em função da violência racista, mães negras sentem na pele e na alma experiências extremamente cruéis, injustas, que as desumanizam. De acordo com o Atlas da Violência, em 2020, 78% dos assassinatos cometidos por policiais tiveram como alvo pessoas negras.[38]

Cada vez que um negro morre de "bala perdida", parte de uma mãe negra morre também. Morre quando, mesmo depois de todos os esforços para proteger os filhos, não consegue mantê-los vivos. Morre diante da indiferença e do silêncio imoral de parte da sociedade. Morre em razão da falta de respostas e de punição para os responsáveis pelo assassinato de seus filhos. Morre quando tem de provar que não existe pena de morte no Brasil.

Um pedaço das mães negras se esvai quando elas precisam apontar a barbaridade da criminalização da pobreza, que incute no imaginário social a falsa ideia de que os moradores de favelas são bandidos a ser executados. É o que nos diz o depoimento da avó de Kathlen. Ao reproduzir as palavras de dona Saionara, levo em consideração uma máxima que aprendi ainda na infância – avó é mãe duas vezes: "A gente não tem culpa de nada. Ela era

---

37   Depoimento proferido durante o Simpósio Psicanálise e Política, realizado em set./out. de 1980, na PUC-Rio.

38   Júlia Pereira. "Segundo pesquisa, 78% dos mortos pela polícia são negros". *Rede Brasil Atual*, 23 abr. 2021. [Disponível em: https://www.redebrasilatual.com.br/cidadania/segundo-pesquisa-78-dos-mortos-pela-policia-sao-negros/, acesso em 6/10/2022.]

trabalhadora. Ela foi criada em favela, mas trabalhava. Ela era estudada, formada. As amizades dela, tudo boa... para eu perder minha neta nesse mundo estúpido, nesse tiroteio estúpido".

Reproduzo o que escrevi em uma rede social: dona Saionara, a senhora e a sua família não têm culpa de nada. A culpa é dessa sociedade ignorante, hipócrita, cruel e racista em que vivemos. Que mata negros e mães negras com indisfarçável desprezo.

Moïse, a dor e o luto que nunca cessam

O ano mal havia começado e o Brasil foi assombrado pela morte do congolês Moïse Kabagambe, brutalmente assassinado no dia 24 de janeiro de 2022, em um quiosque da Barra da Tijuca, pouco depois de cobrar o pagamento que lhe era devido por seu trabalho.

O filho de dona Ivana Lay recebeu 39 (39!) pauladas com um taco de beisebol. Houve pausa somente após a trigésima sexta, mas, não satisfeitos, os acusados pelo assassinato do jovem refugiado ainda desferiram mais três golpes. No laudo expedido pelo IML, ficou constatado que as sucessivas pancadas causaram traumatismo no tórax, com contusão pulmonar, levando Moïse à morte.

No lugar das palavras, senti-me tomada pelo silêncio. O que dizer diante de tanta selvageria? Tudo é desumano, perverso, inaceitável, inominável. As condições precárias de trabalho a que Moïse fora submetido, a indiferença de testemunhas que nada fizeram diante da atrocidade a que assistiam, a leniência da polícia na apuração do caso, e talvez (talvez!) a pior parte desse episódio macabro: a atitude posterior dos suspeitos de terem cometido esse crime hediondo.

Em depoimento, um dos envolvidos afirmou aos policiais que "apenas" segurou Moïse, sem tê-lo estrangulado. Disse ainda que "tem a consciência tranquila". Seu comparsa, também denunciado, relatou que "resolveu extravasar a raiva que estava sentindo" do ex-colega de trabalho. Sem nenhum sinal de arrependimento ou remorso.

O não reconhecimento da humanidade de Moïse Kabagambe, com a negação do direito à vida ao trabalhador congolês, não se trata de um caso isolado. Decorridos mais de 130 anos da assinatura da Lei Áurea, as relações raciais no Brasil ainda são tecidas sob o jugo da violência, com a dominação imposta aos sujeitos negros por meio da crueldade, refletindo de maneira pujante o nosso passado escravocrata. O ritual de imolação a que Moïse se viu submetido é mais um resquício de um passado que não passa.

A morte de Moïse se constitui em um exemplo cabal de que essa desumanização incessante da população negra faz parte do cotidiano do país. Como se houvesse um salvo-conduto para humilhar, excluir, detratar, violentar os pretos. Prova disso são os crimes recorrentes marcados por semelhantes monstruosidades. Ainda está viva na memória a cena em que um adolescente de 15 anos, também no Rio, no bairro do Flamengo, foi amarrado nu a um poste para ali apanhar, tal qual ocorria nos pelourinhos durante a escravidão. Na época, a jornalista Rachel Sheherazade, ao comentar o caso, disse que "a atitude dos vingadores era até compreensível". E acrescentou: "Aos defensores dos direitos humanos, que se apiedaram do marginalzinho preso ao poste, eu lanço uma campanha: faça um favor ao Brasil, adote um bandido!". Ou seja, o garoto negro acabou condenado sumariamente – e rotulado de criminoso – sem que houvesse sequer denúncia à polícia, muito menos a instauração de um processo legal.

Esse tipo de mentalidade destrói os marcos civilizatórios e instiga a perseguição às pessoas de pele escura. Dias depois do assassinato de Moïse Kabagambe, outro crime bárbaro motivado pelo racismo ganhou o noticiário. Em São Gonçalo, município da Baixada Fluminense, Durval Teófilo Filho levou três tiros quando chegava em casa e morreu sob o olhar traumatizado da filha Letícia, de 6 anos, que esperava o pai voltar do trabalho e correu à janela após ouvir os estampidos. Aurélio Alves Bezerra, sargento da Marinha e seu vizinho de condomínio, foi o autor dos disparos. Em depoimento, relatou que a ação se deu pelo fato de ter "confundido" Durval com um bandido.

Em meio a tantas agressões mortais e gratuitas, com o descaso do poder público, em nós, negros, ficam a incredulidade, a tristeza, o desespero, a revolta. Mas também a dor e o luto. Uma dor e um luto que nunca cessam. Como bem escreveu a educadora afro-americana bell hooks, "somos um povo ferido até a alma":[39] pela violência, pelo silêncio e pela conivência dos que se beneficiam amplamente dessa sociedade marcada pelo racismo e pela barbárie.

---

39 bell hooks. "Vivendo de amor". Geledés, 9 mar. 2010. [Disponível na internet: https://www.geledes.org.br/vivendo-de-amor/, acesso em 11/11/2022.]

Carta para Marielle Franco

Belo Horizonte, 16 de março de 2020.

Querida Marielle,

Há tempos desejo lhe enviar esta carta, mas somente agora consegui redigi-la. Descobri que é muito difícil escrever sobre algo que permanece confuso, desorganizado dentro de mim. Passados dois anos daquela terrível noite de 14 de março de 2018, ainda não consigo entender o que realmente ocorreu. É como se eu ainda estivesse em meio a um pesadelo. Talvez em razão da violência, da desfaçatez, da falta de pudor com que tudo aconteceu.

Você não vai acreditar. Três dias antes do seu assassinato (não queria usar essa palavra...), enviei uma mensagem a Priscilla, uma amiga que trabalhava no seu gabinete. Perguntei-lhe como estava sendo a experiência de trabalhar com você. Demonstrei preocupação, pois, naquele momento, o ódio às mulheres, aos negros e aos pobres, pilares de nossa sociedade, ganhava ares institucionais. A Pri respondeu da seguinte maneira:

"Marielle é a melhor pessoa com quem trabalhei em toda a minha vida!"

Em seguida, ela enviou uma mensagem dizendo que realmente as coisas não estavam fáceis.

Eu jamais poderia imaginar que, 72 horas após a nossa conversa, sua vida seria ceifada em uma emboscada, sem a menor chance de defesa. Eu nunca havia chorado a morte de uma pessoa pública, mas com você foi diferente. Chorei me perguntando como puderam tirar sua vida e, consequentemente, a de Anderson, seu motorista, também. Chorei por nos terem roubado de forma violenta toda a esperança que depositávamos em você. Chorei pelos mais de 45 mil eleitores e eleitoras que votaram em você. Chorei pelos seus pais, pela sua filha, pela sua irmã, pela Mônica. Chorei por me dar conta dos rumos que o nosso país estava tomando. Ainda hoje, penso nos ferimentos que lhe causaram.

Temos nos esforçado para que sua luta não tenha sido em vão. Em toda cidade que vou, encontro seu nome, seu rosto, nos muros, nas escolas, nos coletivos, nos centros acadêmicos. No último 8 de março, eu a vi em várias faixas e cartazes. Na minha escola, fizemos uma homenagem a você no Dia da Consciência Negra. Preciso lhe contar! Quando eu disse que você seria a homenageada, um aluno questionou:

"Mas, professora, ela era sapatão!". Antes que eu interviesse, uma aluna respondeu: "Se ela era sapatão, não importa! Cada um é livre para amar quem quiser! Temos que respeitar!". Jennifer, a autora da resposta, na época, tinha apenas 11 anos. Eu me emociono só de lembrar.

É bem verdade que eu gostaria que essas homenagens não fossem decorrentes da brutalidade que fizeram contigo, mas, ainda assim, fico orgulhosa quando vejo o mundo inteiro lembrando de ti, exigindo justiça. Há quem sinta inveja. Nelson Motta estava certo ao dizer que "a inveja e o ressentimento são armas que os brasileiros manejam com excepcional destreza e virulência".

Em meio a tantas homenagens, vejo também tentativas incessantes de assassinar sua honra, o que você representa para cada uma de nós. Isso tem dificultado nossa luta. É muito difícil lutar contra o absurdo, contra o escárnio, contra o fascismo. Uma coisa é estabelecer diálogo com quem discorda de suas posições políticas, das ações da legenda partidária à qual você era filiada. Outra é esboçar reação quando alguém comemora sua morte, quebra uma placa em sua homenagem, sorri diante de tamanha violência, falta de respeito e humanidade. Quando isso acontece, é como se eu levasse um soco no estômago, me paralisando por completo. Querida, tudo está muito pior do que quando você nos deixou...

No ano passado, estive com a Anielle, sua irmã, em um rápido encontro. Ela foi muito generosa comigo. Depois de

um abraço apertado, disse a ela que o crime seria eluci-
dado, o que não aconteceu até agora. Ao que tudo indica,
não resolver, não dar respostas a nossas perguntas tem
sido uma escolha.

Também no ano passado, participei de uma reunião na Maré.
Chegando lá, fiquei imaginando o que você, a sua voz, o
seu cargo representava para aquelas pessoas. Pude vê-la
caminhando por aquelas ruas. Como sua mãe disse durante
entrevista a uma amiga jornalista, que negona linda você
era!

Sabemos que o racismo estrutural tem impedido o surgimento de mais Marielles nas Marés espalhadas pelo Brasil,
mas eu lhe prometo que, enquanto eu estiver neste mundo,
lutarei para que nossas meninas possam sonhar ser o que
bem quiserem. Apesar das dificuldades, de tantas incerte-
zas, seguirei lutando para que nenhuma mulher seja inter-
rompida, tal qual você exigiu em seu último discurso na
Câmara de Vereadores do Rio.

Imagino que você esteja muito feliz com a gravidez da
Anielle, com a abertura do instituto que leva seu nome.
Que a Eloah venha com muita saúde e traga a esperança
de dias melhores. Imagino sua felicidade ao saber que a
Mônica está refazendo a vida. Penso que um amor como o de
vocês jamais morre, muito pelo contrário: se transforma,
expande, multiplica, floresce.

Em outubro, teremos novas eleições municipais. Assim como em 2018, torço para que seu exemplo, seu legado, sua força nos inspirem e ajudem a eleger mais mulheres negras. Precisamos delas para mudar a estrutura escravocrata deste país, para fortalecer nossa democracia, tão incipiente e fragilizada.

Você é farol, é semente, e nada nem ninguém roubará isso de nós.

Obrigada, querida Marielle. Por tudo.

Deixo um abraço. Vejo o seu sorriso. Sonho com justiça.

Até um dia.

Luana Tolentino

A atualidade de "I have a dream", discurso de Martin Luther King Jr.

Outubro de 2016. Ao lado da minha amiga Chris, assisti a *O topo da montanha*, peça belíssima baseada no último discurso de Martin Luther King Jr. A atuação magistral de Lázaro Ramos e Taís Araujo levou o Palácio das Artes, lotado, às lágrimas. Terminada a apresentação em Belo Horizonte, ninguém ia embora. Com todo mundo de pé, um dos maiores teatros da América Latina foi tomado por uma salva de palmas que parecia não ter fim. Uma noite memorável.

Anos depois, concedi uma entrevista a respeito do legado de Martin Luther King Jr. para a educação, o que me fez lembrar de *O topo da montanha*. A peça registra os momentos finais da vida do pastor afro-americano nascido na cidade de Atlanta, em 1929, e que na década de 1960 seria imortalizado em razão de sua luta pelos direitos civis.

A entrevista foi a deixa para que eu relesse "I have a dream" ("Eu tenho um sonho"), seu mais célebre discurso, proferido em Washington, D.C. para mais de 250 mil pessoas. Ditas em 1963, as palavras do ativista negro, que influenciaram os desejos de liberdade e do fim do racismo no mundo inteiro, permanecem mais atuais do que nunca, sobretudo quando se trata da realidade brasileira.

Em 28 de agosto de 1963, Martin Luther King Jr. disse: "A vida do negro está ainda, infelizmente, dilacerada pelas algemas da segregação e pelas correntes da discriminação. (...) O negro ainda vive numa ilha isolada de pobreza no meio de um vasto oceano de prosperidade material". Lamentavelmente, essas palavras são um retrato bem-acabado do cotidiano da maioria dos negros no Brasil. Mais de um século após a abolição da escravatura, a população preta ainda é submetida a condições precárias de existência, colocando-a na parte mais baixa da pirâmide social, com grandes dificuldades de acesso a emprego, moradia, educação e aos mecanismos da Justiça.

No discurso, o pastor batista denunciou a violência policial, um dos maiores desafios do Movimento Negro na atualidade. Estudos de instituições governamentais e de organizações da sociedade civil dão conta de que um verdadeiro genocídio está em curso no país. Em 2021, o Brasil assistiu à chacina do Jacarezinho, considerada a maior da história da cidade do Rio de Janeiro. Vinte e sete moradores foram assassinados, sob a alegação de que "eram todos bandidos", como se houvesse pena de morte no Brasil, e ainda por cima sem qualquer processo legal. A chacina se deu em um momento em que as operações policiais estavam proibidas por determinação do Supremo Tribunal Federal (STF), em razão da pandemia de Covid-19.

É importante lembrar que as vítimas desse genocídio já não são apenas os jovens negros, mas também meninos e meninas que têm sido executados antes mesmo de chegar ao fim da primeira infância. Em 2019, aos 8 anos de idade, Ágatha Félix, a menina que segundo o avô era excelente aluna, estudava inglês e fazia balé, foi atingida nas costas por uma arma de grosso calibre enquanto voltava para casa, no Complexo do Alemão. Segundo investigações, o principal suspeito pelo disparo é um soldado da Polícia Militar, que permanece em liberdade.

Mesmo em um contexto de segregação racial e de ódio contra a população negra estadunidense, Martin Luther King Jr. defendeu a não violência, a união dos povos e a necessidade de manter vivo o sonho de uma sociedade sem racismo e sem opressão: "Eu tenho um sonho de que meus quatro pequenos filhos um dia viverão em uma nação onde não serão julgados pela cor da pele". Esse continua sendo um desejo de todos aqueles que lutam por uma educação antirracista, uma vez que pesquisas, depoimentos e dados referentes ao êxito escolar revelam que as crianças negras têm sido "apedrejadas moralmente" nas escolas.

Embora o momento seja extremamente hostil à causa negra, com o desmonte de políticas públicas de promoção da igualdade racial, com declarações racistas por parte de lideranças políticas, com tentativas de intimidação e deslegitimação de figuras históricas do Movimento Negro, "I have a dream" nos ensina que a luta deve ser constante.

Conforme apontou Luther King Jr., jamais podemos ficar resignados: "Não estaremos satisfeitos enquanto o negro for vítima dos indescritíveis horrores da brutalidade policial. (...) Não poderemos estar satisfeitos enquanto a mobilidade básica do negro for passar de um gueto pequeno para um maior. Não podemos estar satisfeitos enquanto nossas crianças forem destituídas de sua individualidade e privadas de sua dignidade. (...) Não haverá nem descanso nem tranquilidade (...) até o negro adquirir seus direitos como cidadão".

Viva Martin Luther King Jr.!

Sueli Carneiro:

"A ideologia nazifascista está ascendendo no Brasil"

Lançado em agosto de 2021, Mano a Mano, comandado pelo *rapper* Mano Brown, é um dos *podcasts* mais comentados do país. Desde o lançamento, o líder dos Racionais MC's entrevistou figuras importantes do cenário nacional, como Glória Maria, Emicida, Djamila Ribeiro e Sidarta Ribeiro, Taís Araujo e Lázaro Ramos.

Na temporada de 2022, Brown dividiu os microfones com a filósofa Sueli Carneiro, a quem ele nomeou como "uma das mulheres mais poderosas do Brasil". Ao longo de mais de duas horas de conversa, a fundadora do Geledés – Instituto da Mulher Negra deu boas risadas, falou da paixão pelo futebol e pelo Corinthians, da infância na Vila Bonilha, que, em meados dos anos 1950, "nem existia no mapa". Sueli falou do racismo que conheceu aos 6 anos de idade na escola: "Eu era chamada de Pelezinho!", disse a primeira negra a receber o título Doutora Honoris Causa na Universidade de Brasília (UnB).

Filha mais velha de uma família de sete irmãos, Sueli Carneiro deu uma aula magna ao dissertar sobre o Brasil do passado e do presente, país em que negros são mortos de forma impiedosa, "igual passarinho, igual pardal". Ao tratar dessas questões, a conversa iniciada de forma bem-humorada ganhou um tom sério, duro, de denúncia. Sueli falou do genocídio que tem ceifado a vida dos jovens pretos, que ela define como um projeto deliberado de extermínio da população negra, iniciado ainda no século XIX: "Eles assinaram uma abolição que significava: vocês estão livres para morrer na sarjeta desse país. Não tinha um projeto de inclusão, não tinha um projeto de reforma agrária que nos permitisse lidar com a terra, não havia nenhum projeto educacional. Fomos jogados na lata do lixo das cidades brasileiras".

Nesse movimento de refletir sobre o passado e pensar o presente, a doutora em Educação pela Universidade de São Paulo faz uma afirmação assustadora. Uma advertência que ajuda a compreender as motivações de episódios contemporâneos, como a chacina da Vila Cruzeiro,[40] que vitimou 23 moradores da favela do subúrbio do Rio de Janeiro, e o assassinato de Genivaldo de Jesus Santos, morto em uma câmera de gás improvisada por agentes da Polícia Rodoviária Federal (PRF), ambos em maio de 2022:[41] "Nós estamos vivendo um fenômeno racista que é novo. Está ascendendo no Brasil a ideologia nazifascista. Ela vem atravessada pelas ideias de um supremacismo branco. Se a gente não parar esse tipo de ideologia que está em ascensão (...), se a gente permitir, vamos ter uma situação de exacerbação da violência racial nos mesmos

---

40 Em 24 de maio de 2022, durante uma operação conjunta do Batalhão de Operações Policiais (Bope, Polícia Federal e Polícia Rodoviária Federal, 23 pessoas foram mortas na favela da Vila Cruzeiro, localizada na zona norte do Rio. A chacina é considerada a segunda mais letal da história recente do Rio de Janeiro.

41 Em 25 de maio de 2022, Genivaldo de Jesus Santos foi torturado e assassinado por agentes da Polícia Rodoviária Federal, numa câmara de gás improvisada no porta-malas de uma viatura. Em janeiro de 2023, o juiz Rafael Soares Souza, da Sétima Vara Federal, em Sergipe, decidiu que os réus irão a júri popular.

padrões que a África do Sul ou no regime de segregação racial norte-americano".

Nesse encontro, atravessado por tantas ameaças, Sueli Carneiro teceu críticas à política neoliberal que "uberiza", precariza a vida, principalmente da população negra, alijada dos empregos formais e com melhor remuneração. Ao responder uma pergunta de Mano Brown sobre empreendedorismo, tema em voga no momento, ela recorreu mais uma vez à história, ressaltando o pioneirismo das afro-brasileiras: "Nós somos pioneiros no empreendedorismo. É uma coisa que desde o século XIX, sobretudo, as mulheres negras realizam. Se não fosse empreendendo, como sobreviveríamos nas condições de miserabilidade em que sempre vivemos? Para nós, não tem novidade nenhuma nisso".

Durante a conversa com Brown, Sueli falou ainda da expectativa em relação ao futuro do país. Em meio a um presente que amedronta e exige ação, mestra que é, Carneiro apontou caminhos: "São múltiplas as estratégias de luta que nós temos que desenvolver para sobreviver nessa sociedade que nos exclui. Nós não podemos renunciar a nenhuma possibilidade. Tem que buscar organizar a nossa gente, que conscientizar nossa gente de que precisamos lutar coletivamente. Nós precisamos ter estratégias coletivas de luta, [entender] que a ideologia neoliberal e individualista não nos emancipa".

Influenciada pelo movimento de mulheres negras, pelo lema das mães pretas que choram os filhos mortos pela violência policial, Sueli Carneiro faz questão de lembrar: "Para nós, luto é verbo".

No centenário de Dona Ivone Lara, o orgulho de tê-la conhecido

Você entrou na minha vida, usou e abusou, fez o que quis / E agora se desespera, dizendo que é infeliz / Não foi surpresa pra mim, você começou pelo fim / Não me comove o pranto de quem é ruim / Quem sabe, essa mágoa passando, você venha se redimir / Dos erros que tanto insistiu por prazer, pra vingar-se de mim / Diz que é carente de amor, então você tem que mudar / Se precisar, pode me procurar...
Dona Ivone Lara e Jorge Aragão

Quem frequenta rodas de samba não me deixa mentir: quando os versos que estão na epígrafe deste texto são entoados pelos músicos, o mundo acaba. É o céu, a glória, a redenção. É a verdadeira apoteose. "Tendência", uma parceria de Jorge Aragão com Dona Ivone Lara, cantora e compositora cujo centenário completou-se em 13 de abril de 2022, está entre as mais belas canções da carioca nascida em 1922, no bairro de Botafogo.

Sinto-me muito honrada em olhar para trás e poder dizer que a conheci pessoalmente. Uma dádiva, uma bênção. Era o ano de 2000. Naquele momento, a Inconfidência, rádio pública de Minas Gerais dedicada à MPB, transmitia um programa diretamente da praça de alimentação de um *shopping* no centro de Belo Horizonte. Eu era frequentadora assídua. Fazia questão de estar lá nas manhãs de sábado. Em um desses eventos, Dona Ivone Lara foi convidada. Atravessei a cidade para ir ao encontro da primeira mulher a integrar uma ala de compositores de escola de samba no Brasil.

Na apresentação, Dona Ivone Lara nos brindou com seus sucessos. Intérprete de primeira grandeza, cantou "Sonho meu", "Acreditar", "Alguém me avisou" e tantos outros. Ao entoar "Sorriso negro", lembrou que samba também é música de protesto, é um ato político: "Negro sem emprego / Fica sem sossego / Negro é a raiz da liberdade".

Durante o *show*, Dona Ivone Lara contou que era enfermeira e assistente social de formação. Para mim, foi uma descoberta. Infelizmente, essa história permanece desconhecida por muita gente. A sambista teve papel importantíssimo no campo da terapia ocupacional, uma vez que, ao lado da médica Nise da Silveira, atuou na elaboração de tratamentos humanizados em saúde mental, em uma época em que se defendiam choques elétricos, internações compulsórias e o cárcere como formas de cuidado para pacientes com transtornos psiquiátricos. A pouca visibilidade, o apagamento da relevância de Dona Ivone Lara para a saúde pública brasileira mostra como o racismo tem servido também para silenciar o legado e as contribuições das mulheres negras para a construção do país.

Guardei tudo em minha memória, em minhas retinas. Na época, eu não tinha celular ou câmera fotográfica para registrar aquele momento único, mágico. Fui invadida por um sentimento de gratidão por testemunhar a presença marcante de Dona Ivone Lara no palco. Mal sabia que seria a primeira e a única vez que iria vê-la e ouvi-la.

Encantada, arrebatada, tomada pela música, pela força, pela arte de Dona Ivone Lara, não resisti. Ao final do *show*, me aproximei. De perto, bem de perto, vi uma mulher vaidosa, elegante, maquiada, de cabelos, pele e sobrancelhas impecáveis, cheia de anéis nos dedos. Uma autêntica dama do samba. Eu lhe disse como a admirava. Com um sorriso, ela respondeu: "Obrigada, minha filha!". Meio sem jeito, pedi um abraço. No meu ser, ficaram as lembranças desse encontro e o perfume dela.

Dona Ivone Lara, que nos deixou em abril de 2018, chegou ao seu centenário como um dos maiores nomes do samba, da música popular brasileira. Dona Ivone abriu portas, enfrentou o racismo, o machismo, permaneceu altiva e imponente em espaços que não foram pensados para mulheres como ela, a exemplo dos campos da medicina e da ciência.

E eu, uma adolescente que achava importante conhecer, saber sobre samba e MPB, pude conhecê-la, abraçá-la. Tenho que admitir: apesar de tudo, a vida tem sido muito generosa comigo. Que sorte a minha!

Jojo Todynho tem razão:
A mulher preta não tem paz

Fui apresentada a Jojo Todynho em 2017. O *hit* "Que tiro foi esse?!", que a tornou conhecida no Brasil inteiro, não saía da boca e das caixinhas de som dos meus alunos do ensino fundamental.

Em 2020, Jojo virou assunto novamente ao participar do *reality show* "A Fazenda", exibido anualmente pela TV Record. Nas redes sociais, não se falava em outra coisa. Nas primeiras semanas do programa, a jovem de Bangu que viu o pai ser assassinado já era dada como campeã. O jeito único, a personalidade forte e o carisma de Jordana Gleise de Jesus Menezes conquistaram uma multidão, inclusive a escritora Conceição Evaristo, que publicou um texto no qual declarava sua torcida à funkeira: "É que hoje, é o dia do juízo final na 'Fazenda'. E que possa ser um dia de aleluia para Jordana Gleise, a Jojo Todynho. O prêmio tem de ser dela. Escutei muitas falas de Jordana, mas escutei muito também o silêncio machucado dela. Silêncio dolorido, guardado, que há de explodir depois, na boca da própria Jordana Gleise, ou na de alguém que saiba revestir o silêncio em grito".[42]

---

42 "Conceição Evaristo pede voto para Jojo Todynho na final de a 'A Fazenda 12'". *O Globo*, 17 dez. 2020. [Disponível na internet: https://oglobo.globo.com/cultura/revista-da-tv/conceicao-evaristo-pede-voto-para-jojo-todynho-na-final-de-fazenda-12-24802012, acesso em 17/10/2022.]

O prêmio veio. O reconhecimento da artista que Jojo é, também. Os olhos do mercado publicitário voltaram-se para a cantora criada em uma família de mulheres fortes, como ela disse em entrevista ao *rapper* Mano Brown. Não demorou muito para que Jojo Todynho ganhasse um programa no Multishow, tornando-se a primeira mulher negra a apresentar um *talk show* no país. Jojo Todynho também foi convidada por Ana Maria Braga para apresentar um quadro no programa "Mais Você", referência de sucesso da TV brasileira.

Com o crescimento de sua popularidade, vieram também a desconfiança e os ataques nas redes sociais, muitos deles de cunho racista. Jojo Todynho incomoda os que não conseguem conceber a ideia de ver uma mulher negra alçar voos tão altos. Assertiva como sempre, aos seus detratores, ela respondeu: "Quanto mais batem em mim, mais eu cresço!". Atualmente, Jojo tem mais de 20 milhões de seguidores no Instagram. Um fenômeno.

O casamento com Lucas Souza também virou motivo de agressões em suas redes. Ilações quanto ao término do matrimônio e aos motivos que levaram o oficial do Exército a estabelecer uma relação com Jojo são frequentes. Em um *story* publicado em sua página pessoal, desabafou: "A mulher preta não tem paz!".

Impossível não concordar com a garota-propaganda de grifes de luxo francesas. Como venho repetindo há algum tempo, vivemos em país extremamente racista, que nega às negras o direito ao bem viver. Lançado em junho de 2022, o Anuário Brasileiro de Segurança Pública revelou que, em 2021, 62% das vítimas de feminicídio no

Brasil eram afrodescendentes,[43] o que evidencia que a mulher preta realmente não tem paz. Nossa vida está em constante perigo.

Outro dado que evidencia a assertiva de Jojo Todynho refere-se aos cuidados maternos. Segundo levantamento feito pelo Ministério da Saúde, somente 27% das mulheres negras têm acesso ao pré-natal. Entre as vítimas da violência obstetrícia, 65% são afro-brasileiras, mostrando que à maioria de nós tem sido usurpado o direito de gerar uma vida, de dar à luz em paz, com segurança e dignidade.[44]

As mulheres pretas também não têm paz para criar seus filhos, para constituir uma família. A violência racista, a política de extermínio empreendida pelo Estado, o encarceramento em massa e a dificuldade em acessar as políticas de assistência social não deixam. Na visão da jornalista afro-americana Bridgett Davis, esse conjunto de fatores faz com que a desgraça assombre constantemente a vida das mães negras: "Acredito que as mulheres negras estão profundamente acostumadas com a tragédia. A morte não é uma estranha em nossas vidas, em nossos mundos. Perdemos nossos pais devido a hipertensão e ataques do coração; perdemos nossos maridos e amantes vitimados pela violência policial; perdemos nossos filhos nas prisões ou no tráfico de drogas".[45]

---

43 "Mulheres negras são as principais vítimas de feminicídio no país". *CartaCapital*, 22 nov. 2022. [Disponível na internet: https://www.cartacapital.com.br/sociedade/mulheres-negras-sao-as-principais-vitimas-de-feminicidio-no-pais/, acesso em 27/11/2022.]

44 "Somente 27% das mulheres negras têm acesso ao pré-natal, aponta pesquisa". *Febrasgo*, 25 jul. 2022. [Disponível na internet: https://www.febrasgo.org.br/pt/noticias/item/1484-somente-27-das-mulheres-negras-tem-acesso-ao-pre-natal-aponta-pesquisa, acesso em 27/11/2022.]

45 Bridgett Davis. "Falando de perda: Hoje estou mal, espero que você entenda". *In*: Jurema Werneck, Maisa Mendonça e Evelyn C. White (orgs.). *O livro da saúde das mulheres negras: Nossos passos vêm*

Assim como Jojo Todynho, queremos ser felizes, desfrutar das coisas boas da vida. Diante dos dados apontados, parece um sonho ainda distante, mas que permanece na ordem do dia. Não vamos abrir mão dele!

---

de longe. Rio de Janeiro: Pallas/Crioula, 2006, pp. 103-110.

Nelson Sargento, o artista que não fazia questão de ser imortal

Na manhã do dia 27 de maio de 2021, o Brasil perdeu uma de suas mais belas vozes. Embora tivesse tomado duas doses da vacina contra a Covid-19, como já estava com a saúde bastante debilitada pela idade avançada (96 anos), Nelson Sargento se juntou às centenas de milhares de brasileiros que perderam a vida ao serem contaminados pelo coronavírus.

Nascido em 1924, o artista ganhou o apelido pelo qual ficou conhecido em função de sua passagem pelo Exército. Em entrevista ao também sambista Diogo Nogueira, Nelson afirmou que integrar os quadros militares foi a maneira que encontrou para deixar o trabalho pesado na construção civil. Ao chegar ao posto de sargento, acabou destituído da ideia de fazer carreira por um superior: "Isso aqui não é lugar para preto!", teria dito o oficial.

As portas fechadas pelo racismo no Exército, como indicou Nelson Sargento no início dos anos 1950, ainda reverberam nas Forças Armadas brasileiras. Uma matéria publicada no jornal *O Globo*, em 10 de maio de 2021, apontou que entre os 228 militares do alto escalão da Marinha e da Aeronáutica, apenas três se declaravam pretos.[46]

Ao deixar a farda, Nelson Sargento nos brindou com 70 anos dedicados à música. Companheiro de Cartola, Nelson Cavaquinho, Elton Medeiros e de tantos outros bambas, fez da Mangueira sua segunda casa, com direito ao título de presidente de honra da agremiação. Mesmo com uma voz inconfundível e com as letras refinadas, Nelson gravou o primeiro disco somente aos 54 anos de idade, o que revela as dificuldades encontradas por artistas negros para se firmarem no cenário cultural. Conceição Evaristo, escritora afro-brasileira que obteve reconhecimento nacional e internacional pouco antes de completar 70 anos, tem afirmado repetidamente que a discriminação racial é um dos maiores impeditivos para que as obras de indivíduos de pele escura alcancem o grande público.

É importante lembrar que Nelson Sargento não se manteve em silêncio diante do racismo. Torcedor apaixonado pelo Vasco da Gama, registrou na canção "Casaca, casaca" a luta por igualdade e inclusão do clube cruz-maltino, que chegou a ser excluído de uma liga formada por outros clubes tradicionais do Rio, como Flamengo, Fluminense, Botafogo e América, por se recusar a dispensar seus jogadores negros e pobres do elenco: "São muitos anos de glórias / Enriquecendo a história do esporte bretão / Vasco da Gama baniu o preconceito / Em nome do direito, dando razão à razão / Formando atletas de escol, na regata / E no futebol, o seu nome está presente...".

---

46 Thiago Herdy. "Sem política de inclusão, topo da carreira nas Forças Armadas não tem diversidade". *O Globo*, 9 maio 2021 [Disponível na internet: https://oglobo.globo.com/politica/sem-politica-de-inclusao-topo-da-carreira-das-forcas-armadas-nao-tem-diversidade-25009945, acesso em 16/9/2022.]

Nelson Sargento ainda se dedicou à literatura e às artes plásticas. Com muita cor, registrava em seus quadros as rodas de samba e o cotidiano das favelas cariocas. Em 1994, lançou o livro de poemas *Prisioneiro do mundo*, relançado em 2012, com o acréscimo de novos textos, pela editora Oficina Raquel.

Com o bom humor que lhe era peculiar, durante uma gravação, lembrou que seu maior sucesso, "Agoniza, mas não morre", era conhecido por onze em cada dez pessoas. Nelson Sargento nos deixou justamente no momento que o Brasil agoniza: em razão da fome que acomete mais de 30 milhões de brasileiros, do desemprego, das ameaças à nossa frágil democracia, do total desprezo pela vida humana.

Há cerca de 15 anos, Nelson Sargento concedeu uma entrevista ao jornal *Estado de Minas*, na qual, ao ser perguntado sobre a possibilidade de fazer parte da galeria de imortais da Academia Brasileira de Letras, afirmou que não fazia muita questão. E completou: "Imortal é quem faz algo que fica eternizado no coração das pessoas".

Ao longo de quase um século, Nelson Sargento não fez outra coisa.

Descanse, Mestre. Já estamos com saudade de você.

Carta para Paulo Freire

Belo Horizonte, 14 de agosto de 2020.

Querido Mestre Paulo Freire,

Sinto uma alegria imensa em poder lhe escrever. Vinte e três anos se passaram desde que o senhor nos deixou. Durante o tempo em que frequentei um centro espírita kardecista, aprendi que ao deixar o plano terreno cada um de nós vai para um lugar diferente. Caso isso seja verdade, imagino que o senhor tenha como vizinha a Carolina Maria de Jesus.

Digo isso porque, assim como o senhor, ela sempre defendeu os mais pobres. Além disso, no livro *Quarto de despejo*, Carolina deu contribuições significativas para pensarmos na urgência de uma educação emancipatória. Antes mesmo de o senhor publicar *A importância do ato de ler*, ela, que pôde frequentar a escola por apenas dois anos, escreveu:

"Não sei dormir sem ler. Gosto de manusear um livro. O livro é a melhor invenção do homem".[47]

Pensando nisso, no ano passado, propus um trabalho em que meus alunos e alunas do curso de Pedagogia tiveram que estabelecer um diálogo entre seu livro e o diário da Carolina. Tenho certeza de que o senhor ficaria muito feliz ao ler os artigos que eles produziram.

Como deve saber, vivemos tempos muito difíceis. Estamos cansados. Não conseguimos respirar. Como bem disse um sertanejo de Quixeramobim, município do Ceará: "a peste chegou". Diariamente, vemos ofensas a sua pessoa e ao seu legado. O que não é nenhuma novidade, uma vez que as perseguições ocorridas logo após o golpe de 1964 o obrigaram a partir para o exílio. Uma coisa é certa: os que o agridem jamais leram um único livro seu.

Há alguns dias, reli *Pedagogia do oprimido*. Confesso que foi uma leitura muito angustiante. Embora tenhamos avançado nas duas últimas décadas, a verdade é que as bases que sedimentam o nosso país continuam as mesmas. Assim como nos idos 1960, os que detêm o poder falam em "ameaça comunista", dizem defender os "valores da família". A todo momento, apropriam-se do nome de Deus. Dessa forma, criam artifícios para atender aos interesses das "elites dominadoras", ao passo que cresce o número de "esfarrapados do mundo": sem emprego, sem direitos e sem perspecti-

---

47 Carolina Maria de Jesus. *Quarto de despejo: Diário de uma favelada.* São Paulo: Ática, 2014, p. 24.

vas de futuro. São esses as maiores vítimas da Covid-19, contadas em centenas de milhares.

Durante a leitura, senti raiva dos "opressores falsamente generosos", que diante dos "demitidos da vida" se arvoram a fazer "caridade" somente para alimentar o próprio ego. Esses, em momento algum, refletem que os famintos, os que estão desabrigados resultam de uma ordem injusta, que desumaniza, entorpece e cria abismos. Recusam-se a entender que a massa de miseráveis somente deixará de existir com educação de qualidade, criação de políticas públicas de inclusão sociorracial e distribuição de renda.

Bom seria se pudessem aprender com o senhor: "A grande generosidade está em lutar para que, cada vez mais, estas mãos, sejam de homens ou de povos, se estendam menos, em gestos de súplica. Súplicas de humildes a poderosos. E se vão fazendo, cada vez mais, mãos humanas, que trabalhem e transformem o mundo".[48]

Mas a leitura não me trouxe apenas raiva e angústia. Terminei *Pedagogia do oprimido* com a certeza de que, por meio da educação, podemos ampliar o direito à cidadania aos que ainda não podem exercê-la. Senti vontade de correr para a sala de aula ensinar, partilhar tudo o que aprendi. Como é bom tê-lo como mestre. O livro me fez rever minha caminhada como professora da educação básica em bairros

---

48 Paulo Freire. *Professora, sim; tia, não: Cartas a quem ousa ensinar.* São Paulo: Olho d'Água, 1997, p. 42.

pobres da região metropolitana de Belo Horizonte. Bairros que lembram muito a periferia do Recife de Freire.

Sempre busquei fazer com que os meninos e as meninas com quem convivi diariamente compreendessem que as condições precárias de existência, vivenciadas por eles e seus familiares, resultam de injustiças e desmandos que marcam o Brasil desde o nascedouro. Nossas aulas de História eram permeadas pelo que o senhor chamou de dialogicidade.

Nunca vi os estudantes como "vasilhas" nas quais eu deveria depositar conteúdo. Muito pelo contrário: por meio do diálogo, ensinava o que sei e aprendia com as experiências, com as visões de mundo que carregavam. É bem verdade que por vezes falhei, mas garanto ao senhor que busquei implementar a pedagogia do oprimido. Uma "pedagogia humanista e libertadora".

Além de exercer a docência, tenho tido a oportunidade de viajar pelo país e conversar com professores dos ensinos fundamental e médio. Nessas andanças, levo o seu pensamento e tento criar caminhos para que meus colegas de jornada jamais percam de vista a função social da educação. Tento mostrar que a escola pode e deve ser o lugar do encanto, no qual professores e estudantes se sintam realizados.

Insisto em dizer que precisamos assumir a condição de pensadores da educação, como um dos caminhos para ressignificar nossa profissão e exigir o respeito que ela merece. Insisto ainda em afirmar que não podemos aceitar o lugar do silêncio. Não podemos aceitar que nos seja imposto o papel de meros transmissores dos conteúdos dos livros didáticos. No meu entendimento, ao agirmos assim, construímos alternativas para enfrentar as omissões em relação à educação e ao fazer docente.

Também nessas andanças, tenho presenciado iniciativas que reforçam minha certeza de que outra educação é possível. Em dezembro do ano passado, participei do I Seminário de Docência de Natal, promovido pela Secretaria Municipal de Educação potiguar. Foi a primeira vez que estive em um encontro protagonizado por professores e professoras da educação básica.

Foi uma das coisas mais bonitas que já vi. Mais bonito ainda foi ter o senhor como o grande homenageado. Quando a professora Ednice Peixoto, organizadora do evento, mencionou seu nome no microfone, o auditório quase veio abaixo. O senhor recebeu aplausos por longos minutos. De pé. Ainda que uns e outros desejem o contrário, o senhor é e sempre será o Patrono da nossa Educação.

Meu Mestre querido, as coisas não estão fáceis. À nossa volta, muito horror e destruição. Ainda assim, mantenho a esperança. Esperança do verbo esperançar. Conforme o senhor afirmou: "Minha esperança é necessária, mas não suficiente. Ela, só, não ganha a luta, mas, sem ela, a luta fraqueja. Precisamos da esperança crítica, como o peixe precisa da água despoluída".[49]

Um abraço grato e terno,

Luana Tolentino

---

[49] Paulo Freire. *Pedagogia da esperança: Um reencontro com a Pedagogia do Oprimido*. Rio de Janeiro: Paz e Terra, 2012, p. 12.

Por uma educação antirracista, professoras negras se unem em coletivos

Não mexe comigo que eu não ando só...[50]

Em meio às angústias provocadas pelo isolamento social, li uma entrevista do neurocientista Sidarta Ribeiro em que ele falava sobre os impactos da pandemia do coronavírus no sono. Segundo o diretor do Instituto do Cérebro da Universidade Federal do Rio Grande do Norte, a incerteza em relação ao futuro e a saudade do passado têm alterado as noites de muitos brasileiros. Enquanto os que estão mais ansiosos e preocupados não conseguem dormir, os que seguem com o sono regular sonham mais. Esse é o meu caso.

Durante esse período, passei a ter sonhos intensos praticamente todas as noites. Vez ou outra, sonhava com fatos relacionados ao trabalho, aos episódios de assédio moral que sofri ao longo do meu percurso como professora da educação básica. Há alguns dias,

---

50   Trecho da canção "Carta de amor", de Maria Bethânia e Paulo César Pinheiro.

revivi o dia em que fui chamada na sala da direção para responder a uma denúncia.

Para ampliar os conhecimentos sobre o período da nossa história conhecido como Brasil República, pedi às turmas do 3º ano do ensino médio que lessem *Triste fim de Policarpo Quaresma*, de Lima Barreto. Ao final, em vez de fazer uma prova, os alunos, organizados em grupos, deveriam apresentar uma peça de teatro sobre o livro.

O entusiasmo e a adesão foram tamanhos que, com a autorização da coordenação pedagógica, convidei o jornalista e doutor em Literatura Brasileira Marcos Fabrício Lopes para ministrar uma aula sobre o livro. Ele é um grande estudioso da obra do escritor afro-carioca. Penso a escola como a universidade. Se no ensino superior temos acesso a professores e pesquisadores de outras instituições, por que os estudantes dos níveis fundamental e médio não podem ter?

A leitura de *Triste fim de Policarpo Quaresma*, a visita de Marcos Fabrício, as apresentações teatrais foram o motivo da denúncia. Um professor me acusou de "entrar na matéria dele". Fui chamada na sala da direção. Quando a diretora e uma professora que fazia parte do colegiado relataram o motivo do interrogatório, eu não pude acreditar. Tomando de empréstimo as palavras da minha querida amiga Maria Salete, fiquei "virada no cão". Exigi respeito à minha pessoa, à minha profissão. Fui taxativa. Disse que meu trabalho era baseado em muito estudo, que eu não estava na escola para brincar de trabalhar. Se algum dia isso acontecesse, ficaria em casa, buscaria outra coisa para fazer.

A "denúncia" foi arquivada. Preenchi um questionário de avaliação de desempenho e deixei a sala. À época, eu era professora contratada, o que me colocava em uma situação de fragilidade, mas silenciar seria abrir mão da minha dignidade, de anos de pesquisa e dedicação à docência. Mesmo com o assunto encerrado, passei o dia nervosa, irritada. E foi com tais sensações que despertei do sonho.

Trago essa passagem para ilustrar as dificuldades enfrentadas por nós, professoras negras, nos espaços de ensino. Muitas vezes, a perseguição, o assédio são uma constante em nossa trajetória, sobretudo, entre as educadoras que se dedicam a práticas pedagógicas comprometidas com o combate ao racismo. Em 2020, veio a público o caso da diretora de uma escola privada de Maceió que pediu aos alunos que comprassem um "chicote do bom" para que ela pudesse desferir golpes contra uma professora negra da instituição, por considerá-la muito "ousada".[51]

Nilma Lino Gomes, primeira mulher negra do Brasil a ocupar o cargo de reitora de uma universidade federal, explica que episódios como esse se dão por vários motivos.[52] Ao assumir a condição de professoras, rompemos com a expectativa social de que estamos neste mundo apenas para servir e limpar a sujeira dos outros. O imaginário racista pressupõe que somos intelectualmente inferiores e faz com que nossos pontos de vista, os conhecimentos que acumulamos, sejam colocados constantemente à prova.

---

51 "Professora denuncia ato racista de diretora de colégio particular de Maceió". *G1 Alagoas*, 5 fev. 2020. [Disponível na internet: https://g1.globo.com/al/alagoas/noticia/2020/02/05/professora-denuncia-ato-racista-de-coordenadora-de-colegio-particular-de-maceio.ghtml, acesso em 14/10/2022.]

52 Nilma Lino Gomes. *A mulher negra que eu vi de perto*. Belo Horizonte: Mazza, 1995.

Além disso, ao promover uma educação antirracista, desestabilizamos uma estrutura secular, cujas bases são orientadas pelo eurocentrismo e por contínuos processos de silenciamento e invisibilidade do grupo social negro. Falar de racismo, imprimir nos currículos escolares o protagonismo cultural, científico, histórico e econômico dos africanos e dos afro-brasileiros na construção e na formação do Brasil é mexer em uma ferida que parte da sociedade e também a escola insistem em escamotear, fingir que não existe.

Com o objetivo de enfrentar as dificuldades cotidianas para afirmação de projetos pedagógicos orientados pela equidade racial e pela criação de espaços de saber marcados pela afetividade, professoras negras da rede pública do Rio de Janeiro têm se unido em redes e coletivos. É o caso da Rede de Etnoeducadoras Negras do Rio de Janeiro. Formado em 2015, atualmente o grupo reúne cerca de 120 educadoras, muitas delas com os pés fincados nos movimentos sociais. Além de pensar práticas educativas e o fazer docente, segundo Célia Cristo, professora do segmento infantil em Duque de Caxias e doutora em Educação pela Unirio, a Rede já organizou rodas de conversas, oficinas e debates que privilegiam a escola pública e pedagogias decoloniais.

Em paralelo com a atuação nas salas de aula da educação básica, a Rede mantém uma relação estreita com a universidade. Anualmente, um encontro é realizado nas dependências da Unirio. Célia Cristo afirma que "esse ato é uma forma de resistência e ocupação territorial na perspectiva da construção de uma agenda curricular contra-hegemônica".

Mantendo a proposta de unir ensino e pesquisa, o coletivo Agbalá, cujas atividades tiveram início em 2018, reúne 14 professoras e 3 professores. Antes da quarentena imposta pela pandemia de Covid-19, o grupo reunia-se mensalmente para discutir as temáticas negras e indígenas assim como formas de inseri-las no cotidiano escolar. De acordo com Luciana Guimarães, pedagoga e integrante do Agbalá, o coletivo objetiva "difundir práticas pedagógicas antirracistas e auxiliar na formação continuada dos colegas professores, visando, sobretudo, a aqueles e aquelas que estão iniciando conhecimentos no que tange à educação antirracista".

Conhecer esses coletivos, ainda que virtualmente, encheu meu coração da esperança de que, apesar das dificuldades, uma caminhada em defesa de uma educação comprometida com o combate às injustiças raciais vem sendo trilhada com primazia e excelência, servindo de inspiração e aprendizado para todas nós.

Segundo a escritora Conceição Evaristo, é tempo de aquilombar.[53] Honrando as tradições dos nossos ancestrais, é justamente isso que a Rede de Etnoeducadoras Negras do Rio de Janeiro e o Coletivo Agbalá estão fazendo.

---

[53] "Em textos inéditos, escritores expressam seus desejos para 2020". *O Globo*, 31 dez. 2020. [Disponível na internet: https://oglobo.globo.com/cultura/em-textos-ineditos-escritores-expressam-desejos-para-2020-1-24165702, acesso em 22/11/2022.]

Meu cabelo não é bombril

Muito se tem discutido a respeito da urgência de empreender práticas institucionais e pedagógicas capazes de garantir o direito humano à educação a todos que frequentam unidades de ensino no país, sobretudo à população negra, secularmente excluída e discriminada nos espaços escolares.

Como educadora, estudiosa das relações étnico-raciais e formadora de professores, afirmo com convicção que muito já se avançou no Brasil no que se refere ao enfrentamento das desigualdades educacionais motivadas pelo racismo. Mas é preciso reconhecer que ainda temos um longo caminho a percorrer para que a escola seja um espaço de felicidade e encantamento para crianças e jovens negros.

Prova disso foi o caso de uma professora de Ribeirão das Neves em Minas Gerais que, em 2021, como parte das atividades de 20 de novembro (Dia da Consciência Negra), orientou os alunos a usar esponjas de aço para representar o cabelo de pessoas negras.[54]

---

54 Ethel Correa. "Professora compara cabelo crespo a Bombril em escola de Minas Gerais". *Correio Brasiliense*, 22 nov. 2021. [Disponível na internet: https://www.correiobraziliense.com.br/

Acompanhando toda a repercussão do episódio, que culminou com a demissão da docente, ficou evidente sua falta de preparo para abordar a estética negra, sobretudo em uma data tão cara ao povo afrodescendente. Na apresentação do livro *Superando o racismo na escola*, o professor Kabengele Munanga[55] explica que a formação precária dos professores, somada ao mito da democracia racial, que ainda impede boa parte da população de perceber os tentáculos muitas vezes "sutis" do racismo, contribui para a permanência da discriminação racial nas escolas. Com isso, retira-se dos estudantes pretos o direito de ingressar, permanecer e alcançar êxito na trajetória escolar.

Aqui, não pretendo sair em defesa da professora em questão. Como negra, conheço de perto a dor que é ter o cabelo chamado de bombril. Ao lado de "macaco/a", é um dos primeiros xingamentos que nos é proferido quando alguém deseja ferir nossa alma. Nestas linhas, pretendo caminhar em direção a uma reflexão que contribua para que episódios inaceitáveis como esse não ocorram novamente.

Na condição de docente da educação básica, infelizmente, já presenciei um cartaz em que uma colega de jornada também utilizou palha de aço com os mesmos fins da professora que virou notícia no Brasil inteiro. Obviamente, não usei o silêncio e a indiferença como estratégias – o que também contribui para a perpetuação do racismo –, mas me insurgi e solicitei que a "prática pedagógica" fosse repensada, pois não condizia com o simbolismo do Dia da Consciência Negra.

---

brasil/2021/11/4965026-professora-compara-cabelo-crespo-a-bombril-em-escola-em-minas-gerais. html, acesso em 22/11/2022.]

55 Kabengele Munanga. "Apresentação". *In*: Kabengele Munanga (org.). *Superando o racismo na escola*. Brasília: MEC, Secad, 2005, pp. 15-20.

Apesar do crescimento da oferta de cosméticos destinados aos afro-brasileiros, da maior presença de sujeitos negros em peças publicitárias e programas de TV, o cabelo crespo, componente importante no processo de construção da identidade negra, permanece sendo depreciado. Além de "bombril", a ele são destinadas definições como "duro", "ruim" e "arame farpado", que revelam o racismo do qual os corpos negros são alvo.

Tais rótulos estão diretamente ligados à baixa autoestima apresentada por estudantes negros, causando sérios impactos na aprendizagem e na trajetória escolar. Sendo assim, torna-se fundamental empreender práticas, ações e discursos de desconstrução de estereótipos, pois o "processo de educar as relações entre pessoas de diferentes grupos étnico-raciais tem início com mudanças no modo de se dirigirem umas às outras, a fim de que desde logo se rompam com sentimentos de inferioridade e superioridade, se desconsiderem julgamentos fundamentados em preconceitos, deixem de aceitar posições hierárquicas forjadas em desigualdades raciais e sociais", conforme salienta a professora Petronilha Beatriz Gonçalves e Silva.[56]

Influenciadas pelo brilhante trabalho da educadora mineira Patrícia Santana, para enfrentar o racismo, em 2017, a professora Silvia Mascarenhas e eu organizamos o I Desfile do Cabelo Crespo e Cacheado na escola em que trabalhávamos.[57] Posso afirmar que poucas atividades mobilizaram tanto a comunidade escolar.

---

56 Petronilha Beatriz Gonçalves e Silva. "Aprender, ensinar e relações étnico-raciais no Brasil". *Educação*, ano XXX, v. 30, n. 3, set./dez. 2007, p. 490.

57 Luana Tolentino. *Outra educação é possível: Feminismo, antirracismo e inclusão em sala de aula.* Belo Horizonte: Mazza, 2018, p. 30.

Ao longo de uma semana, vi principalmente as alunas negras entusiasmadas com a ideia de exibir seus cabelos com orgulho e altivez. No dia tão esperado, tivemos uma manhã inesquecível. O desfile também reverberou nas famílias. De uma mãe emocionada ao ver a beleza da filha reconhecida e valorizada, ouvi: "Na minha época, não tinha essas coisas...".

Nos encontros com docentes dos quais participo, faço questão de ressaltar como governos, faculdades e universidades vêm falhando na formação inicial e continuada de professores no que concerne à implementação de uma educação antirracista. Ao mesmo tempo, tenho convocado professores e gestores a assumir as responsabilidades que lhes cabem como profissionais de ensino.

Recusar o compromisso de denunciar discriminações e participar ativamente da luta contra o racismo é coadunar com as violências e desigualdades educacionais motivadas pela cor da pele. No momento presente, encontra-se disponível toda uma gama de livros, pesquisas, vídeos, filmes e cursos para nos auxiliar na construção de práticas educativas alicerçadas em princípios de justiça, democracia e equidade.

Não é possível conceber que episódios como o que motivou a escrita deste texto continuem acontecendo no interior das escolas. Estudar, pesquisar, refletir, questionar currículos e falas que entendemos como normais/naturais são atitudes que precisam ser tomadas. Urgentemente.

Meu cabelo não é bombril. Nosso cabelo não é bombril. Nosso cabelo é história, é ancestralidade, é lindo. Exigimos respeito.

Escola de Joinville faz lição de casa e se torna referência

Quantos sonhos o racismo já roubou? Foi com essa pergunta que abri um encontro que reuniu educadores de Joinville, município da região norte de Santa Catarina. E é justamente para que nenhuma criança negra tenha seus sonhos roubados e seus direitos violados que a Escola Municipal Monsenhor Sebastião Scarzello vem desenvolvendo, desde 2020, o projeto "Seu olhar melhora o meu", que visa a combater práticas discriminatórias que fecham portas e afetam profundamente o desenvolvimento desse grupo.

Tendo como foco o êxito e o bem-estar das mais de 700 crianças – como também as diretrizes da Lei Federal n. 10.639/03, que tornou obrigatório o ensino da História e Cultura Afro-brasileira e Africana e em sala de aula, a escola então dirigida pela professora Ilma de Souza Alves faz do combate ao racismo um pilar do plano político-pedagógico. Os debates, as discussões, as práticas educativas que objetivam o reconhecimento e a valorização da comunidade negra estão presentes no cotidiano da Monsenhor, e não somente em datas como o 20 de novembro (Dia da Consciência Negra), como ainda acontece em muitas instituições de ensino.

Nilma Lino Gomes, referência na educação das relações étnico-raciais, nos lembra que a promoção de uma educação antirracista exige estudo, exige a formação continuada de professores.[58] É exatamente esse caminho que as professoras Josiane Santana e Maria Fabiane, responsáveis pelo projeto, têm trilhado, o que as faz atuar não somente como supervisoras das práticas pedagógicas, mas também auxiliando toda a comunidade escolar na ampliação e no fortalecimento do projeto "Seu olhar melhora o meu", em busca de reconhecimento e valorização da população negra.

O resultado desse esforço, do compromisso com todos aqueles que historicamente têm sido excluídos dos bancos escolares, é visível nas paredes, nos murais, nas salas de aula, na biblioteca, nas falas e nos discursos. Trata-se de uma escola que abraça e acolhe a diversidade, em que meninas e meninos negros têm acesso a personalidades, livros infantis, brinquedos, materiais escolares nos quais se veem representados de maneira positiva. Como eu costumo sempre dizer, representatividade importa.

A Escola Municipal Sebastião Monsenhor Scarzello está situada em uma região em que a população é majoritariamente branca, com forte presença de famílias de origem alemã. Desse modo, a dedicação de professores e gestores para a superação do racismo tem suma importância também para as crianças não negras, uma vez que lhes oportuniza perceber a nossa sociedade, a vida e o mundo a partir das lentes da pluralidade, do multiculturalismo e do reconhecimento mútuo. Conforme nos lembra o professor Kabengele Munanga: "O resgate da memória coletiva e da história da

---

58 Nilma Lino Gomes. "Educação e relações raciais: Refletindo sobre algumas estratégias de ação". *In*: Kabengele Munanga (org.). *Superando o racismo na escola*. Brasília: MEC, Secad, 2005, p. 149.

comunidade negra interessa não apenas aos alunos de ascendência negra. Interessa também aos alunos de outras ascendências étnicas, principalmente branca, pois ao receber uma educação envenenada pelos preconceitos, eles também tiveram suas estruturas psíquicas afetadas. Além disso, essa memória não pertence somente aos negros. Ela pertence a todos".[59]

O trabalho de excelência, o compromisso em assegurar o direito humano em uma educação antirracista, inclusiva e democrática foi o que vi com meus próprios olhos naquela escola. Em duas manhãs emocionantes, nas quais pude trocar experiências e abraçar alunos e demais profissionais de ensino, contei um pouco de minha trajetória, marcada pelo desprezo racial que sofri de maneira muito intensa quando criança. Estar na Monsenhor me levou a reviver esse passado de dor, mas também a alimentar o sonho de que os estudantes com os quais conversei certamente poderão relatar histórias diferentes das minhas.

No momento em que escrevo este texto, em que há tanto descaso e desprezo em relação à educação pública, em que pesquisas dão conta de que crianças e jovens negros permanecem excluídos da escola em razão da cor da pele, o trabalho realizado na Monsenhor Sebastião Scarzello emerge como uma inspiração para escolas de todo o Brasil.

Mesmo ciente dos diversos e numerosos desafios, afirmo sem sombra de dúvidas que era nessa escola que eu gostaria de ter estudado. É em uma escola como a Monsenhor Sebastião Scarzello

---

59 Kabengele Munanga. "Apresentação". *In*: Kabengele Munanga (org.). *Superando o racismo na escola*. Brasília: MEC, Secad, 2005, p. 16.

que eu gostaria que as crianças negras tivessem a oportunidade de estudar. Motivos não faltam. Entre tantas qualidades, talvez a principal seja a luta empreendida por profissionais que lá estão para que nenhuma criança de pele preta tenha seus sonhos roubados pelo racismo.

Escolas privadas precisam firmar compromisso com uma educação antirracista

Em 2022, completaram-se 19 anos da promulgação da Lei Federal n. 10.639/03, que, ao alterar a Lei de Diretrizes e Bases da Educação (LDB – n. 9.394/96), determinou a revisão de currículos e práticas escolares, de modo a reconhecer a importância dos africanos e de seus descendentes na construção do país. Resultado, sobretudo, das ações do Movimento Negro em favor do direito à educação da população preta, essa legislação representa um dos maiores avanços da história do Brasil no que diz respeito ao combate e ao enfrentamento do racismo.

Passadas quase duas décadas de sua sanção, é evidente que muitos são os desafios para a efetivação dessa lei tão importante. Seu sucesso demanda o comprometimento de faculdades e universidades com a formação inicial de professores para o trato da diversidade. Demanda políticas públicas de valorização e formação continuada de professores. Demanda o entendimento de que a escola, como parte da sociedade brasileira, produz e reproduz em seu seio práticas discriminatórias contra os sujeitos negros, sendo urgente erradicá-las. Em meio a esse conjunto de demandas, a questão central que impede a implementação ampla e exitosa da referida lei está nas palavras de Kabengele Munanga: "Qualquer proposta de mudança em benefício dos excluídos jamais receberá um apoio unânime, sobretudo quando se trata de um país racista".[60]

Contudo, faz-se necessário destacar os avanços promovidos pela legislação educacional antirracista no país. No âmbito acadêmico, ela tem impulsionado pesquisas e debates em torno da persistência do racismo nos espaços educativos e suas consequências para a perpetuação das desigualdades que marcam o país. A lei vem fomentando ainda a elaboração de planos políticos-pedagógicos imbuídos na garantia de uma "educação multirracial que leve em consideração a pluralidade étnica, cultural e religiosa brasileira", conforme escreveu a pedagoga Azoilda Loretto da Trindade.[61]

Quando se pensa na efetivação da Lei n. 10.639/03, as discussões sempre giram em torno da escola pública. Basta ver as iniciativas divulgadas por meio da imprensa, dos congressos e pesquisas sobre o assunto. As cobranças também priorizam professores das redes municipais, estaduais e federais de ensino. E as escolas privadas? Qual o lugar delas nesse debate? Pouco refletimos sobre seu papel, embora essas instituições sejam submetidas às diretrizes do Ministério da Educação (MEC), tendo também o dever legal e moral de inserir em seu cotidiano atitudes que colaborem com a promoção da justiça racial.

---

60 Kabengele Munanga. "Políticas de ação afirmativa em benefício da população negra no Brasil: Um ponto de vista em defesa das cotas". *Sociedade e Cultura*, v. 4, n. 2, jul./dez. 2001, p. 32.

61 Azoilda Loretto da Trindade. "Valores civilizatórios afro-brasileiros na educação infantil". *Valores Afro-brasileiros na Educação*. [Disponível na internet: https://docplayer.com.br/7821631-Valores-civilizatorios-afro-brasileiros-na-educacao-infantil.html, acesso em 22/11/2022.]

Embora seja comum a negação por parte de gestores, relatos de pais e estudantes mostram que a discriminação se faz presente nessas instituições, dificultando a permanência de alunos negros, como também alimentando nos não negros um ideal de superioridade. Entre os casos que recentemente vieram a público, está o da jovem Ndeye Fatou Ndiaye, que em 2021 foi alvo de violência racista em uma escola de classe média alta do Rio de Janeiro, com insultos e xingamentos em um grupo de WhatsApp criado por seus colegas do ensino médio.[62]

Situações como essa evidenciam a necessidade de se discutir em sala de aula as consequências perversas da ideologia racista que estrutura o país, potencializada pelo desconhecimento do legado e das contribuições histórico-culturais da população negra para o Brasil e para o mundo.

Se, por muito tempo, as escolas particulares optaram pelo lugar confortável da omissão e do silêncio, nos últimos anos, motivadas pelo efervescente debate em torno do racismo no Brasil, coletivos de pais e mães têm se mobilizado para que o aprendizado da história e da cultura africana e afro-brasileira faça parte dos planos de ensino, conforme determina a legislação. No rol de reivindicações, estão presentes também programas de ação afirmativa que garantam maior diversidade no corpo docente e discente.

---

62 Ana Paula Santos. "Estudante é vítima de racismo em troca de mensagens de alunos de escola particular da zona sul do Rio de Janeiro". *G1 Rio de Janeiro*, 20 maio 2020. [Disponível na internet: https://g1.globo.com/rj/rio-de-janeiro/noticia/2020/05/20/estudante-e-vitima-de-racismo-em-troca-de-mensagens-de-alunos-de-escola-particular-da-zona-sul-do-rio.ghtml, acesso em 26/11/2022.]

Exemplo disso é o trabalho realizado pelo Coletivo Antirracista da Escola Comunitária de Campinas, que tive o privilégio e a alegria de acompanhar. Formado por pais, mães, professores e outros membros da comunidade escolar, o grupo promove encontros com especialistas para repensar a instituição e o lugar de cada participante na luta contra o racismo.

Em conversa com Ana Cláudia, cientista social e mãe de um aluno da escola, ela contou que muitos são os desafios, mas que o desejo de transformar a escola e promover uma educação que tenha como pilar a equidade racial é ainda maior. Nas ações do grupo, há discussões em torno do racismo estrutural, das práticas racistas do cotidiano, a capacitação de professores, como também iniciativas que garantam o ingresso e a permanência de estudantes e profissionais negros na instituição.

É preciso ter o entendimento de que as desigualdades educacionais potencializadas pela discriminação racial favorecem, sobremaneira, a perpetuação da sociedade injusta e violenta em que vivemos. A elaboração e a disseminação de medidas antirracistas em escolas privadas devem ser encaradas como parte importantíssima na construção de um país democrático de fato. Como apontam as Diretrizes Curriculares Nacionais para a educação das relações étnico-raciais: "É preciso valorizar devidamente a história e a cultura de seu povo [negro], buscando reparar danos, que se repetem há cinco séculos, à sua identidade e a seus direitos. A relevância do estudo de temas decorrentes da história e cultura afro-brasileira e africana não se restringe à população negra, ao contrário, dizem respeito a todos os brasileiros, uma vez que devem educar-se enquanto cidadãos atuantes no seio de uma sociedade multicultural e pluriétnica, capazes de construir uma nação democrática".[63]

Promover uma educação antirracista é um compromisso que deve ser assumido pelas instituições privadas de ensino urgentemente. Que o exemplo da Escola Comunitária de Campinas seja seguido pelas escolas particulares de todo o Brasil.

---

63 *Diretrizes Curriculares Nacionais para a educação das relações étnico-raciais e para o ensino de História e Cultura Afro-brasileira e Africana.* Brasília: MEC, 2004, p. 17.

O Brasil que celebra Exu no Carnaval também agride estudante umbandista

Depois de dois anos, devido à pandemia de Covid-19, sem os festejos do rei Momo, em abril de 2022, a Marquês de Sapucaí voltou a receber os desfiles das escolas de samba. Com um enredo em homenagem a Exu, entidade espiritual responsável pela comunicação entre os humanos e os orixás, a Grande Rio, agremiação de Duque de Caxias, conquistou seu primeiro título do Grupo Especial.

Nos portais de notícias e nos principais jornais, praticamente não havia outro assunto. Nas redes sociais, o clima era de festa. As fotos de Demerson D'alvaro, ator que interpretou o orixá cultuado na umbanda e no candomblé, ganharam *posts* e *stories*. No Twitter, Paolla Oliveira, atriz e rainha da bateria da escola, registrou: "*Laroyê*, Exu!". De repente, parecia que vivíamos em uma nação macumbeira, ou pelo menos que preza a liberdade religiosa. Mas não é bem assim.

Um dia antes de a representante da Baixada Fluminense sagrar-se campeã, em uma escola municipal de Joinville, cidade de Santa Catarina, uma adolescente de 16 anos tornou-se mais uma vítima do racismo religioso. Umbandista, a garota foi agredida violentamente por duas colegas de turma, sob a "justificativa" de que ela "cultuava o demônio".[64] De acordo com Pricylla Bianchi, mãe de santo e mãe da estudante, a escola agiu com negligência, inclusive em relação ao atendimento médico, já que a aluna sofreu várias escoriações pelo corpo. Além de registrar um boletim de ocorrência, Pricylla passou a contar com a assistência da Comissão de Igualdade Racial da Ordem dos Advogados do Brasil (OAB) e com o apoio do Movimento Negro Maria Laura, coletivo que atua no combate à discriminação racial na cidade catarinense.

Nesse caso motivado pelo racismo em relação às religiões de matriz africana ficaram evidentes as consequências do ódio disseminado em várias esferas da sociedade, até mesmo por políticos e em programas de televisão ligados a algumas igrejas neopentencostais. Diuturnamente, essas emissoras usam concessões públicas para detratar umbandistas e candomblecistas, negando-lhes o direito à liberdade de culto, de reverenciar exus, pombagiras, caboclos, marinheiros, boiadeiros, pretos-velhos e tantas outras entidades celebradas por pessoas que professam essas religiões. Tudo isso sem qualquer ação por parte do Ministério Público e demais órgãos responsáveis pela garantia do Estado laico.

Como podemos ver, os discursos de ódio, a discriminação e o preconceito adentram nas instituições de ensino. Há muito tempo, o comunicólogo Muniz Sodré, que define Exu como aquele que, "ao mesmo tempo é ancestral e descendente, que mobiliza a partir

---

64 Juliane Guerreiro. "Mãe denuncia 'racismo religioso' após filha ser agredida em escola de SC: 'Impotência'". *Portal ND+*, 27 abr. 2022. [Disponível na internet: https://ndmais.com.br/seguranca/policia/mae-denuncia-caso-de-racismo-religioso-em-escola-de-joinville-sentimento-de-impotencia/, acesso em 22/11/2022.]

do agora o poente e o nascente para se inserir em cada momento do processo de existência individualizada de cada ser",[65] tem alertado para o fato de que os espaços escolares não são os únicos responsáveis pelo combate ao racismo, contudo, constituem peça fundamental nesse processo.

Desse modo, espera-se que as unidades de ensino ajam com o compromisso de "promover a divulgação e produção de conhecimentos, a formação de atitudes, posturas e valores que eduquem cidadãos orgulhosos de seu pertencimento étnico-racial – descendentes de africanos, povos indígenas, descendentes de europeus, de asiáticos – para interagirem na construção de uma nação democrática, em que todos, igualmente, tenham seus direitos garantidos e sua identidade valorizada", conforme determinam as Diretrizes Curriculares Nacionais para a educação das relações étnico-raciais.[66]

O silêncio, a indiferença, a negligência têm sido armas eficazes para a perpetuação do racismo nos espaços escolares. A discriminação racial faz com que estudantes que frequentam terreiros abandonem as salas de aula precocemente em consequência da violência moral e física das quais são vítimas, como ocorreu com a estudante de Joinville.

Em se tratando das escolas, só há dois caminhos: agir, promover uma educação antirracista ou ser conivente com a exclusão, com a negação de direitos, com a barbárie.

Laroyê, Exu!

---

65 Muniz Sodré. *Pensar nagô*. Petrópolis: Vozes, 2017, p. 37.

66 *Diretrizes Curriculares Nacionais para a educação das relações étnico-raciais e para o ensino de História e Cultura Afro-brasileira e Africana*. Brasília: MEC, 2004, p. 10.

Muniz Sodré e o furto da bicicleta no Leblon

As falas, os escritos do jornalista e sociólogo Muniz Sodré têm permeado intensamente meu pensamento. Bem verdade que se trata de uma tarefa praticamente impossível, mas o meu encantamento é tamanho que sinto vontade de desbravar os mais de 40 livros escritos pelo professor emérito da UFRJ e ativista do Movimento Negro.

Em 2021, Muniz Sodré, que há quatro décadas tem se dedicado a pesquisas sobre cultura e relações raciais no Brasil, participou da *live* de lançamento de *Uma história feita por mãos negras: Beatriz Nascimento*, livro organizado pelo geógrafo Alex Ratts. A obra reúne textos da historiadora Beatriz Nascimento, autora de contribuições inenarráveis para os estudos a respeito do racismo, da condição feminina negra e dos quilombos. Beatriz foi orientanda de Sodré no Programa de Pós-graduação em Comunicação da UFRJ. Ela não chegou a concluir o mestrado, pois, no dia 31 de janeiro de 1995, tornou-se vítima de feminicídio ao tentar defender uma amiga que sofria violência doméstica.

Além de falar do convívio com Beatriz Nascimento, de sua personalidade forte e brilhantismo, Muniz Sodré teceu comentários contundentes sobre a incidência do racismo no país. Em dado momento da *live*, Sodré deu uma verdadeira aula ao dizer: "Nós não temos mais a sociedade escravista no Brasil. A abolição acabou com isso. Nós temos a forma social escravista, que talvez seja pior do que a sociedade escravista. Bem mais difícil de combater".

Com essas palavras, o professor emérito da UFRJ nos ajuda a entender o caso ocorrido em junho de 2021, em que o professor de surfe Matheus Ribeiro, morador da favela da Maré, no Rio de Janeiro, se viu acusado por um casal branco de ter furtado a bicicleta elétrica que ele comprara pela internet. O episódio ocorreu em uma rua do Leblon, bairro que por muitos anos serviu de cenário para os núcleos abastados das novelas de Manoel Carlos.

Foi justamente a forma social escravista, pilar da sociedade brasileira, que mediou a acusação. No pensamento do casal em questão, cuja mulher tivera uma bicicleta idêntica furtada, a presença de um negro em um dos metros quadrados mais caros do país, portando um objeto avaliado em mais de 3 mil reais, já o coloca em estado de suspeição, pois a expectativa que se faz em relação a um jovem como Matheus Ribeiro é a pobreza, a subserviência e a marginalidade. Como bem colocou o jornalista Marcos Nogueira, se Matheus estivesse com uma mochila térmica de aplicativos de entrega, provavelmente não teria sido visto como principal suspeito do crime.

A forma social escravista que orienta a maneira de agir e pensar dos brasileiros é cruel e perversa, uma vez que naturaliza a condição de exclusão em que vive a maior parte da população negra. Ela segrega e humilha sem qualquer tipo de culpa ou pudor. Dos negros é usurpado o direito à cidadania plena. É negado o direito básico de ir e vir, de adquirir bens e propriedades como qualquer outro cidadão.

A forma social escravista confere aos brancos a liberdade de acusar e punir, como se houvesse um tribunal paralelo, sequestrando dos negros a possibilidade de defesa. No vídeo que mostra a abordagem que o casal de namorados faz a Matheus, eles se sentem autorizados a dizer sem qualquer prova: "Acabou de roubar, a bicicleta dela é igualzinha!". Mais do que isso: diante da negativa do instrutor de surfe, o rapaz branco toca o bem que foi comprado por Matheus para conferir se a chave que tinha em mãos abriria o cadeado.

Matheus precisou mostrar fotos dele com a bicicleta para provar sua inocência. Nesse tribunal inquisitório, que remete ao período anterior à abolição da escravatura, negros têm sido levados a prisões injustamente. De acordo com dados da Defensoria Pública do Rio de Janeiro, em 2019, do total de casos em que houve prisões injustas, 81% das vítimas eram afrodescendentes.[67]

Dias depois da acusação caluniosa a Matheus, o suspeito de furtar a bicicleta acabou identificado. Conhecido como "Lorão", o rapaz de 22 anos tem 28 passagens pela polícia, tendo sido preso sete vezes. Como bem elucida o caso, a forma social escravista de ver a vida e o mundo propicia apenas aos indivíduos de pele clara a presunção

---

[67] "Defensoria Pública aponta que negros são 81% dos presos injustamente no RJ". *R7 Rio de Janeiro.* [Disponível na internet: https://recordtv.r7.com/balanco-geral-rj/videos/defensoria-publica-aponta-que-negros-sao-81-dos-presos-injustamente-no-rj-17032021, acesso em 19/11/2022.]

de inocência. Quem iria duvidar de um jovem morador de Botafogo, bairro da zona sul do Rio?

Fica uma pergunta: como combater essa forma social escravista, que cria um verdadeiro *apartheid* no país, assegurando privilégios aos brancos? Muniz Sodré já disse que é algo muito difícil. Desejo que, com seus livros e *lives*, ele nos ajude a encontrar essa resposta.

Carta para Francia Márquez

Belo Horizonte, 24 de junho de 2022.

Querida Francia,

Espero que esteja bem e com o coração em paz.

Escrevo esta carta ainda tomada pela alegria, pela emoção por sua vitória no último domingo.

Tomo a liberdade de redigi-la sem a formalidade que um texto endereçado a uma chefe de Estado exige. Escrevo como se as palavras que registro aqui fossem dirigidas a uma amiga, a uma irmã.

É bem provável que você saiba, mas preciso dizer quanta coisa a sua chegada à vice-presidência da Colômbia representa. Diante das notícias, da sua foto estampada nas redes sociais e nos principais jornais do Brasil, não consegui deixar de pensar nas meninas e jovens negras que terão você como espelho, como farol, como exemplo. Lem-

157

brei de uma reflexão da atriz Viola Davis, que recentemente falou da importância de termos pessoas inspiradoras à nossa volta: "Você precisa ver uma manifestação física do seu sonho", disse ela.

A partir de agora, você é a materialização dos sonhos dos nossos antepassados, da nossa gente, dos que ficaram para trás, dos que lutaram, mas não viveram o suficiente para vê-la na vice-presidência da República colombiana.

Nesse momento de festa, de celebração, é sempre importante lembrar como os espaços de poder, de decisão, e o direito de ser e existir nos têm sido negados. Sei que sua caminhada não foi fácil. Temos a oportunidade de conhecer a Francia política, que também é mãe, feminista, advogada, ativista ambiental e, assim como eu, conheceu de perto o trabalho doméstico, profissão que mais se aproxima de nosso passado colonial, escravocrata. Como você mesma disse, foram necessários 214 anos para que a Colômbia elegesse uma vice-presidenta negra. É tempo demais. Penso eu: não fosse o racismo, quantas Francias teriam o nome grafado na história da Colômbia?

No próximo 15 de novembro, completam-se 133 anos desde que o Brasil se transformou em uma República. Ainda não tivemos a chance de ver uma mulher negra em um posto tão alto como o que você ocupa, me obrigando a perguntar: quantas foram impedidas de avançar? Quantas tiveram os sonhos interrompidos em razão do racismo? E não é só: as que conseguem chegar às Câmaras, às Assembleias e ao Senado, em geral, seguem com a vida constantemente ameaçada pela violência racista, sendo Marielle Franco - assassinada de maneira brutal há quatro anos - exemplo da tentativa incessante de nos silenciar, de pôr fim à nossa existência.

Para além do racismo, vivemos sob o signo do terror, sob a política da barbárie, da morte, da destruição, do desrespeito à dignidade humana. Somos intimidados, humilhados diariamente pelos saudosos da ditadura e pelos entusiastas do fascismo. O Brasil se tornou o país da fome e da miséria. Atualmente, mais de 30 milhões de pessoas não têm o que comer. É também por isso que a sua vitória representa tanto para mim, pois reaviva meus desejos de liberdade, de igualdade e de justiça.

Seus sonhos são os mesmos que os meus. Como você disse pouco depois da divulgação do resultado das eleições: sonho com "um governo popular, do povo de mãos calejadas. Um governo com amor e alegria. Um governo pela dignidade, pela justiça social, pelos direitos da comunidade LGBTQIA+, pela nossa Mãe Terra, que elimine o patriarcado e erradique o racismo estrutural". E de sonhar, eu entendo bem.

A você, Francia, desejo tantas coisas. Desejo que não lhe faltem força e coragem para enfrentar o machismo, o racismo e a desconfiança daqueles que acham que mulheres como você, como nós, estamos neste mundo apenas para servir e limpar a sujeira dos outros.

Desejo que o povo colombiano caminhe ao seu lado na luta contra o imperialismo que ameaça a América Latina. Desejo que o direito à terra, à educação e o fim da pobreza sejam o resultado dessa travessia que se inicia.

Desejo que você seja feliz, que a vice-presidência, a vida pública, signifique um lugar de realização para você.

Não sei, mas algo me diz que nos encontraremos em breve. Talvez esse encontro já tenha ocorrido em outro tempo. Talvez seja por isso que eu me sinto tão próxima de você. Enquanto esse (re)encontro não acontece, deixo as palavras da escritora afro-brasileira Conceição Evaristo: "A sua vida, menina, não pode ser só sua. Muitos vão se libertar, vão se realizar por meio de você. Os gemidos estão sempre presentes. É preciso ter os ouvidos, os olhos e o coração abertos".[68]

Um abraço,

com carinho e esperança.

Luana Tolentino

---

68   Conceição Evaristo. *Becos da memória*. Belo Horizonte: Mazza, 2006, p. 103.

Passei no doutorado:
Tenho o compromisso de abrir
portas para mais gente como eu

Em novembro de 2020, consegui ser aprovada no doutorado em Educação. Às vésperas do início das aulas, passei dias pensando no desafio de cursar disciplinas e produzir artigos em meio à pandemia, que, entre outras coisas, levou muita gente ao adoecimento mental. A vida acadêmica exige muita dedicação. Não é fácil, sobretudo para nós, negros, uma vez que a universidade brasileira, desde sua fundação, não foi pensada para receber corpos pretos na condição de discentes e docentes.

Vivemos em um país que historicamente tem negado à população negra o direito humano à educação de qualidade. Quando se trata das afro-brasileiras, as barreiras para a instrução formal se tornam ainda maiores. Entre a população que não aprendeu a ler e escrever, as mulheres pretas constituem maioria. Nesse cenário meticulosamente construído para impedir o exercício de nossa plena cidadania, cheguei à pós-graduação, o que até o momento foi alcançado por menos de 1/3 dos pretos e pardos. Obviamente, não atravessei os portões da universidade em razão apenas dos meus esforços ou da vontade divina.

Filha de mãe semialfabetizada e de pai com o ensino fundamental completo, tive o privilégio de crescer em um lar cheio de livros. Meus pais apostaram todas as fichas na minha educação e na dos meus irmãos. Apesar da pouca escolaridade, dona Nelita e seu Nicolau entenderam que o acesso aos bancos escolares era o meio mais seguro de nos garantir uma vida melhor que a deles. Mesmo nos momentos de maior precariedade material, tínhamos o que eu considerava verdadeiros luxos, como assinaturas de jornais e revistas. Pensando nisso, lembro da escritora Carolina Maria de Jesus, que possuía a consciência de que, apesar da dureza da vida, o fato de ela dominar a leitura e a escrita a distinguia positivamente dos demais moradores da antiga favela do Canindé, em São Paulo. Era assim que eu me sentia.

Além disso, na infância, eu já percebia que os estudos poderiam me salvar das dificuldades impostas pela condição de negra e pobre. Agarrei-me a essa convicção com todas as minhas forças. Saí em busca dos meus sonhos. Cada vez que me via diante de uma humilhação, mirava nos lugares a que o conhecimento e um diploma poderiam me levar. Foi a minha salvação.

Como não poderia deixar de reconhecer, ressalto também que sou filha das políticas públicas de expansão do ensino superior e das cotas, ações de combate à injustiça racial implementadas no Brasil a partir de 2003. Elas têm sido fundamentais para as recentes mudanças nas configurações de cor, raça e classe do meio acadêmico e, consequentemente, para a melhoria das condições de vida dos negros que conseguem alcançar esses espaços, o que ficou nítido nas eleições de 2020. Entre as vereadoras negras eleitas, várias delas puderam exercer o direito de frequentar cursos de graduação e pós-graduação também em função dessas medidas. Nos dizeres do professor José Jorge de Carvalho, as cotas têm contribuído de maneira pontual para "deselitizar radicalmente o ensino superior público e com isso demandar da universidade um retorno à sua função social, desvirtuada há muito pela sua homogeneidade de classe".[69]

Em um país racista como o Brasil, era de esperar que as ações que objetivam diminuir as desigualdades sociorraciais encontrassem forte oposição entre os grupos mais conservadores e as elites dominantes. O acesso dos que ocupam a parte mais baixa da pirâmide social às universidades continua sendo algo inadmissível para parte de uma sociedade que se acostumou a ver homens e mulheres negras em posição de subalternidade. Provas disso são os frequentes discursos de deslegitimação das políticas de ação afirmativa e os ataques aos docentes comprometidos com a democratização do ensino superior, como também o corte de verbas e de bolsas de pesquisa. Trata-se de uma política imbuída em minar qualquer chance de ascensão por parte de pretos e pobres.

Destaco ainda que, se cheguei até aqui, devo muito ao engajamento do Movimento Negro, ator principal na luta pelo direito à escolarização da nossa comunidade. As denúncias e o trabalho dos ativistas da causa antirracista foram fundamentais para a aprovação de um conjunto de leis, programas e projetos que tem garantido a pessoas como eu ocupar lugares inimagináveis para as gerações anteriores. Nesse processo, é importante valorizar o papel de mulheres negras como Petronilha Beatriz Gonçalves

---

69   José Jorge de Carvalho. "As ações afirmativas como resposta ao racismo acadêmico e seu impacto nas ciências sociais brasileiras". *Teoria e Pesquisa*, São Carlos, n. 42 e 43, jan./jul. 2003, pp. 303-340.

e Silva, Azoilda Loretto da Trindade, Luiza Bairros, Nilma Lino Gomes e tantas outras que participaram ativamente na formulação e implementação dessas medidas, essenciais para o ingresso e a permanência da população negra no espaço universitário.

Ingressei no doutorado ciente das dificuldades que se apresentarão pelo caminho, mas sem perder de vista o compromisso de abrir portas para que outras pessoas como eu também possam entrar. A vida acadêmica não faz sentido se não houver compromisso com a transformação social. Conforme escrevi no início deste texto, atualmente, menos de um terço dos pretos e pardos estão matriculados em cursos de pós-graduação, o que se dá em função das barreiras criadas propositalmente pelo racismo estrutural.

Pouco depois de saber da minha aprovação no doutorado, ao me visitar, minha mãe recordou-se do tempo em que foi trabalhadora doméstica. "Quando trabalhei na casa da Tereza, em Santa Luzia (MG), pedi para sair porque estava cansada de trabalhar feito uma escrava. No dia que eu vim embora, ela falou: 'Pois é! Quero ver onde você vai comer castanhas agora!'". Ao fim dessa lembrança, marcada pela perversidade, dona Nelita concluiu: "Veja como é a vida, Luana... Agora, além de comer castanhas na hora que eu quero, vou ter uma filha doutora!".

Mal posso esperar para colocar meu diploma nas mãos da minha mãe.

Ser feia dói?!

"Luana, ser feia dói?"

Essa pergunta, para a qual nunca tive resposta, me acompanhou por muitos anos.

Ao ser questionada, permanecia em silêncio. Enquanto o autor da pergunta sorria, um verdadeiro nó se formava em meu peito. Minhas mãos suavam. Só me restava torcer para que o instante entre a pergunta, o sorriso dele e a minha angústia passasse logo.

Quando me tornei adolescente, a pergunta deu lugar a uma assertiva: "A Luana é feia de rosto, mas é bonita de corpo". Nunca questionei. Nunca respondi. Em silêncio, ouvia a discussão em torno da minha "feiura". Discussão que acontecia ora na sala, ora na mesa, durante o almoço. Sempre na minha frente. Sem qualquer constrangimento. Calada, sonhava com o dia em que finalmente me tornaria uma garota inteligente e ninguém mais teria coragem de tecer esse tipo de comentário a meu respeito. Via nos estudos a minha salvação, a minha vingança.

Essas lembranças me vieram à mente após uma jornalista perguntar se o feminismo é importante para o empoderamento das mulheres. Eu disse que conhecer o movimento feminista negro mudou meu olhar sobre o mundo. Compreendi a opressão de gênero, raça e classe que historicamente recai sobre os ombros das mulheres negras. Entendi também o peso da violência racista, da invisibilidade e do silenciamento que marcam a existência da maioria de nós. Mais do que isso: eu me vi como sujeito na luta contra os mecanismos de subjugação, que nos empurram para a pobreza e dilaceram nosso ser. Contudo, preciso afirmar que foi a análise que contribuiu de fato para meu processo de empoderamento, diário e contínuo.

Passei três anos intensos no divã para expurgar as mentiras que ouvi durante toda a minha vida. Mentiras que tomei como verdadeiras. Bonitas eram as crianças e as mulheres brancas. Assim me foi ensinado na escola, na televisão, nos ambientes que frequentava.

Ainda que aquelas palavras me machucassem – "Luana, ser feia dói?!" –, na minha cabeça, havia motivos para que elas fossem ditas. Talvez por isso eu jamais tenha conseguido reagir. Conforme apontou o médico psiquiatra Jurandir Freire Costa: "A violência racista subtrai do sujeito a possibilidade de explorar e extrair do pensamento todo o infinito potencial de criatividade, beleza e prazer que ele é capaz de produzir. O pensamento do sujeito negro é um pensamento que se autorrestringe. Que delimita fronteiras mesquinhas à sua área de expansão e abrangência, em virtude do bloqueio imposto pela dor de refletir sobre a própria identidade".[70]

---

70 Jurandir Freire Costa. "Prefácio". *In*: Neusa Santos Souza. *Tornar-se negro: As vicissitudes da identidade do negro brasileiro em ascensão social.* Rio de Janeiro: Graal, 1983, p. 10.

Dentro dessa lógica perversa, não basta o *apartheid* que separa brancos e negros no Brasil. É preciso massacrar, inferiorizar, humilhar, ferir nossa alma de maneira profunda. É uma humilhação cotidiana que nunca cessa, ainda que o negro ascenda socialmente. Nos dizeres da saudosa psicanalista Neusa Santos Souza: "Saber-se negra é viver a experiência de ter sido massacrada em sua identidade, confundida em suas perspectivas, submetida a exigências, compelida a expectativas alienadas".[71]

Nos textos que escrevo, nos debates a respeito do feminismo negro de que participo, procuro também incentivar as mulheres negras a buscar a cura para as dores que são tão corriqueiras em nossas trajetórias. Quase sempre, a educadora afro-americana bell hooks orienta minhas falas, ilumina meu percurso.

A revolução que tanto almejamos requer um olhar atento e generoso para as questões de dentro. Assim, caminharemos no sentido de enfrentar e superar os processos de alienação que nos machucam e nos distanciam do que realmente somos. Dessa forma, poderemos, dentre várias coisas, "acumular forças para enfrentar o genocídio que mata diariamente tantos homens, mulheres e crianças negras",[72] conforme escreveu bell hooks, a quem chamo de minha guia espiritual.

Encontrei na análise um caminho importante para a cura das feridas provocadas pelo racismo. Em meu processo de empoderamento,

---

71 Neusa Santos Souza. *Tornar-se negro: As vicissitudes da identidade do negro brasileiro em ascensão social.* Rio de Janeiro: Graal, 1983, pp. 17-18.

72 bell hooks. "Vivendo de amor". Geledés, 9 mar. 2010. [Disponível na internet: https://www.geledes.org.br/vivendo-de-amor/, acesso em 22/11/2022.]

que, repito mais uma vez, é diário, contínuo, individual e coletivo, ser acompanhada por uma psicanalista foi um privilégio que, infelizmente, muitas de nós ainda não podem desfrutar. Nessa travessia, tenho consciência de que há outros caminhos possíveis.

Hoje me sinto mais feliz, segura. A pergunta que me perseguiu por tanto tempo – "Luana, ser feia dói?!" – já não me perturba mais. Olho no espelho e gosto do que vejo. Gosto do meu sorriso, da cor da minha pele, das linhas de expressão que se formam embaixo dos meus olhos cada vez que eu sorrio, das minhas mãos alongadas que são iguais às do meu pai. Gosto de olhar para trás e ver tudo que consegui construir até aqui. Gosto mais ainda de não sentir dor, nem medo.

Muitos dizem que precisamos escrever outras narrativas, que não passem somente pela perspectiva da dor. Concordo. Em parte. Quando exponho as cicatrizes que marcam minha existência, trago com elas a esperança de que, em alguma medida, elas sirvam de subsídio para a tomada de consciência e, consequentemente, para o reconhecimento, para o enfrentamento do racismo que alicerça nossa sociedade. Quando isso acontecer, histórias como a minha deixarão de ser contadas.

Escrevo na esperança de que, ao ler o meu depoimento, minhas irmãs de cor se deem conta das mentiras que nos foram contadas e das injustiças que vitimam muitas de nós. Mentiras e injustiças que, em várias ocasiões, nos impedem de seguir em frente, de celebrar nosso corpo, de reconhecer as nossas potencialidades, de sonhar com outro tempo.

Merecemos outra vida. Leve. Feliz. Sem racismo, sem discriminações, sem violências. Juntas, podemos conseguir.

Sobre aprender a ler, sobre recusar elogios, sobre a menina que fui

Em julho de 2022, estive no XV Fórum Internacional de Educação de Venâncio Aires, cidade a 130 quilômetros de Porto Alegre. Em uma noite gelada do inverno gaúcho, fui surpreendida com a presença de 800 educadores da rede municipal. Impactada, ao microfone, disse: "Estou muito feliz, estou emocionada, estou nervosa. Se eu soubesse que haveria tanta gente, não teria vindo!". Foi o suficiente para que gargalhadas tomassem conta do auditório. Assim começou a noite que marcará a minha vida por todo o sempre.

Levando-se em consideração os abismos, as violências, as desigualdades provocadas pelo racismo, partilhar reflexões e propostas para a promoção de uma educação antirracista com tantos professores me enche de orgulho e esperança, uma vez que os dados são aterradores. Em 2018, uma pesquisa divulgada pelo Unicef revelou que 62% das crianças fora da escola eram negras.[73] Mais do que nunca, e de maneira urgente, é preciso fazer frente

---

73 Thais Bernardes. "62% das crianças fora da escola são negras". Notícia Preta, 4 dez. 2018. [Disponível na internet: https://noticiapreta.com.br/62-das-criancas-fora-da-escola-sao-negras/, acesso em 4/12/2022.]

aos mecanismos que têm negado a essa população o direito de aprender, de perceber as salas de aulas como espaços de realização.

No encontro promovido pela Secretaria Municipal de Educação de Venâncio Aires, ouvi relatos emocionados de práticas e ações pedagógicas realizadas para o enfrentamento das desigualdades educacionais motivadas pelo racismo, como também dos passos que ainda precisam ser dados, o que me fez lembrar dos versos de Milton Nascimento: "Se muito vale o já feito, mais vale o que será / E o que foi feito é preciso conhecer para melhor prosseguir".[74]

Em um município em que, segundo dados do IBGE, negros representam cerca de 5% da população, foi muito bonito, marcante, ver educadoras negras de posse do microfone, relatando suas trajetórias, "tomando a palavra", conforme pontuou a psicanalista Neusa Santos Souza. E foi justamente uma professora negra que trouxe uma indagação que me fez pensar na mulher que sou e na menina que fui. Enquanto autografava exemplares de *Outra educação é possível*, livro que lancei em 2018, ela me disse: "Quando você for aplaudida, em vez de gesticular o 'não', receba o elogio. Você merece!".

De fato, eu me vi aplaudida de pé em três ocasiões. Em todas elas, usei o dedo indicador para dizer que não havia necessidade, motivos para tantos aplausos. Na volta para casa, me questionei: em que momento aprendi a recusar, negar elogios? As palavras da professora, somadas aos meus questionamentos, levaram-me até a menina Luana, à criança negra que fui, que muito cedo aprendeu

---

74 Trecho da canção "O que foi feito devera", de Fernando Brant, Márcio Borges e Milton Nascimento.

a esconder suas habilidades, assim como acontece no processo de socialização e construção da identidade de outras meninas e meninos negros. O racismo nos empurra para o lugar da solidão e do silêncio. Nesse momento de reflexão, voltei aos 5 anos de idade, quando aprendi a ler.

Estava no antigo pré-primário, aprendendo as primeiras letras. Após distribuir um texto adaptado da obra de Monteiro Lobato, que mesmo com passagens extremamente racistas, serviu de instrumento para alfabetizar crianças de todo o país, minha professora pediu à turma que iniciasse a leitura em voz alta. Logo na primeira frase, percebi que a minha ecoava pela sala, ofuscando as demais. Desejava com muito ardor conhecer as palavras, ser, saber.

Li tudo. Fiz as pausas necessárias entre um parágrafo e outro. Respeitei a pontuação. À medida que lia, torcia para que o texto não tivesse fim. Não acreditava no que estava acontecendo. Era como se um mundo, um portal se abrisse diante dos meus olhos. Foi algo tão marcante que, passadas mais de três décadas, lembro da última frase do texto: "Que perigo!".

Embora tenha apenas três letras, "que" era uma palavra muito difícil para quem estava aprendendo a ler. Eu li. Consegui. Li com a entonação que uma frase que termina com ponto de exclamação exige. Enquanto escrevo, sou capaz de ouvir as palavras da minha professora ao final da leitura: "Parabéns, Luana! Você brilhou!".

Os olhares da turma se voltaram para mim. Meus colegas me olhavam como se algo de errado tivesse acontecido. Olhavam como se o direito de ler e ser elogiada pela nossa professora não fosse extensivo a mim. Era como se eu tivesse transgredido uma regra. Senti um pouco de medo. Meu coração batia forte. Os olhares de reprovação ofuscaram a minha alegria, o meu entusiasmo. Fiquei em silêncio. Não consegui sorrir diante do reconhecimento da minha professora. Um momento de descoberta, de felicidade, transformou-se em um episódio de incômodo, insegurança e apreensão. Na sala de aula, aprendi a recusar, a dizer não aos elogios.

Infelizmente, o que aconteceu com a menina Luana é muito comum nas trajetórias das crianças negras. Somos educadas para não expressar nossos desejos, nossos sonhos e potencialidades, para não sentir orgulho de quem realmente somos. Em razão do racismo, somos ensinados a sentir vergonha de nós mesmos. É como se não tivéssemos autorização para acessar aquilo que às pessoas brancas é tido como natural, como a inteligência, a beleza, os direitos, as oportunidades. Causa-me espanto pensar que, aos 5 anos, eu já tinha consciência disso, daí a minha angústia por mostrar para minha turma que eu era uma boa aluna, que tinha apreendido as palavras antes dos colegas.

Pensando nisso, entendo que é preciso olhar, cuidar da criança que existe em nós, pois certamente ela nos ajudará a perceber os fantasmas que ainda nos assombram. Além de nos ajudar a encontrar o caminho da cura, o que é fundamental para vivermos com plenitude, para enfrentarmos, resistirmos ao racismo, às opressões que recaem sobre os nossos ombros cotidianamente.

Ao ouvir o conselho da professora de Venâncio Aires, prometi que jamais me esqueceria das palavras que ela disse. De hoje em diante, recebo, acolho com carinho e gratidão todos os aplausos e elogios. Depois de tudo que passei, que vivi, que enfrentei, eu mereço.

Especificações técnicas

Fonte: Meta Serif Pro 12p
Entrelinha: 18p
Papel (miolo): Off-white 70 g/m²
Papel (capa): Cartão 250 g/m²